LA FORMATION

ET

LES FLUCTUATIONS

DES PRIX DU CHARBON EN FRANCE

pendant vingt-cinq ans

(1887-1912)

PAR

François SIMIAND

*Professeur au Conservatoire des Arts et Métiers
et Directeur d'études
à l'École pratique des Hautes Études à Paris*

PARIS

LIBRAIRIE DES SCIENCES ÉCONOMIQUES ET SOCIALES

MARCEL RIVIÈRE

31, Rue Jacob et Rue Saint-Benoît, 1

Marcel RIVIÈRE, 31, rue Jacob et 1, rue Saint-Benoît, PARIS (VI')

COLLECTION DES ÉCONOMISTES

ET DES REFORMATEURS SOCIAUX DE LA FRANCE

1. **Dupont de Nemours**, De l'origine et des progrès d'une science nouvelle (1768), avec notice et index analytique par **A. Dubois**, professeur à l'Université de Poitiers, IX-40 pp. in-8, 1909. ... 3 fr.

2. **Baudeau**, Première introduction à la philosophie économique (1771), avec notice et index analytique par **A. Dubois**, professeur à l'Université de Poitiers, XIX-VIII-192, pp. in-8, 1909 . ... 10 fr.

3. **Le Mercier de la Rivière**, L'ordre naturel et essentiel des sociétés politiques (1767), avec notice par **E. Depitre**, professeur agrégé à l'Université de Lille, XXXVII-VIII-405 pp. in-8, 1909 ... 18 fr.

4. **Morelly**, Code de la nature ou le véritable esprit de ses lois (1755), avec notice et table analytique par **E. Dolléans**, professeur adjoint à l'Université de Dijon, XXX-I-149 pp. in-8, 1910. ... 10 fr.

5. **Herbert (Cl.-J.)**, Essais sur la police générale des grains, sur leurs prix et sur les effets de l'agriculture (1755), et Supplément à l'Essai sur la police générale des grains, par **J.-C. Mautaudoin de la Touche** (1757), avec notice et table analytique par **E. Depitre**, professeur agrégé à l'Université de Lille, XLIII-166 pp. in-8, 1910 ... 12 fr.

6. **Dupont de Nemours**, De l'exportation et de l'importation des grains (1764), **L. P. Abeille**, Premiers opuscules sur le commerce des grains (1763-1764, avec introduction et table par **E. Depitre**, XLV-128 pp. in-8, 1911 ... 12 fr.

7. **Graslin (J.-J.-L.)** Essai analytique sur la richesse et sur l'impôt (1767), notice et table par **A. Dubois**, XXV-VI-215 pp. in-8, 1911 ... 12 fr.

8. **Petit (E.)**, Droit public ou gouvernement des colonies françaises d'après les lois faites pour ces pays (1771), avec introduction et table par **A. Girault**, professeur à l'Université de Poitiers, XXV-XV-512 pp. in-8, 1911 ... 20 fr.

9. **Baudeau**, Principes de la science morale et politique sur le luxe et les lois somptuaires (1767), avec notice et table par **A. Dubois**, XIX-34 pp. in-8, 1912 ... 3 fr.

10. **Moheau**, Recherches et considérations sur la population de la France (1778), avec notice et table par **R. Gonnard**, professeur à l'Université de Lyon, XXXI-302 pp. in-8, 1912 ... 15 fr.

11-12. **Dupin** Œconomiques, publié avec notice et table par **M. Aucuy**, docteur en droit, professeur au Collège Sainte-Barbe, avec de nombreuses cartes et plusieurs fac-similés, 2 vol ... 40 fr.

13. **Doctrine de Saint Simon**. — Exposé, Première année 1829, avec introduction et notes, par **C. Bouglé** et **Elie Halévy**. 1 vol. de 504 pages, 1924 ... 25 fr.

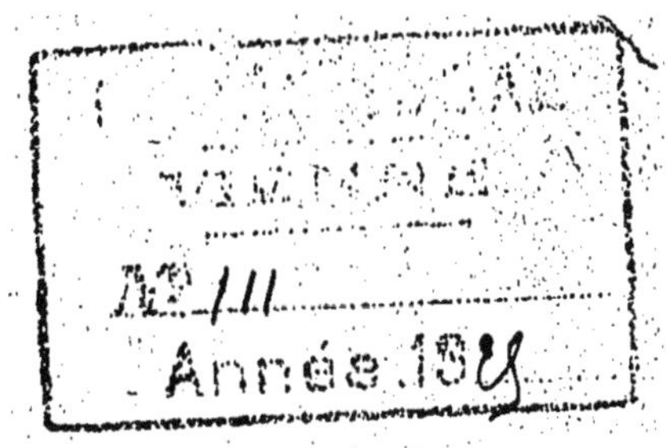

La formation et les fluctuations des prix du charbon en France pendant vingt-cinq ans (1887-1912) [1]

Par François SIMIAND

Professeur au Conservatoire National des Arts et Métiers et Directeur d'études à l'École pratique des Hautes Études, Paris.

Avant-propos. — En présentant aujourd'hui aux lecteurs de la Revue, l'étude qui va suivre, je dois avant tout indiquer qu'elle a été écrite en 1913, en une collaboration — qui a été arrêtée par la guerre, — à un ensemble de monographies entreprises pour un groupement économique étranger : car cette origine et cette destination sont responsables d'une position de recherche, de certaines limitations, de divers traits de rédaction, que, de mon libre choix, j'aurais sans doute établis autrement.

Mais, cela noté, cette étude n'a-t-elle qu'un caractère rétrospectif et historique ? Après les grands mouvements de prix et d'éléments du prix qui se sont produits de l'avant-guerre à ce jour, les fluctuations de la période antérieure peuvent paraître bien petites. Ce serait cependant se tromper que d'en propor-

---

(1) SOMMAIRE. — I. *Introduction.* — Sources : Prix généraux et prix spéciaux et particuliers. — Données de la Statistique de l'industrie minérale et autres données. — II. *Allure générale des mouvements du prix du charbon.* : Variations saisonnières. — Variations séculaires. — Variations cycliques. — III. *Le mouvement des prix du charbon et le mouvement général des prix.* — IV. *Le prix et le coût de revient* (Prix sur les lieux de production) : a) La matière première. — b) Le coût de la main-d'œuvre. Le salaire. — Mode d'établissement. — Coût de la main-d'œuvre par tonne et prix ; salaire moyen journalier et production. — Jeu des tendances qui aboutissent à ces relations. — Question de la limitation légale du travail. — c) Dépenses relatives aux ouvriers, autres que le salaire. — Prestations en nature. — Secours et maladie. — Retraites. — Ensemble. — d) Autres éléments du coût de revient. — Impôts. — Machinisme. — Capitaux. — e) Total des éléments du coût de revient autres que le salaire. — Comment obtenu. — Relations avec le prix. — f) La part du bénéfice. Le coût total de revient et le prix. — Bénéfice fiscal. — Autre donnée. — Relation probable. — Conclusion sur le coût de revient. — V. *Le prix et le marché* : a) Les quantités, offerte et demandée. — Production (nationale) et consommation, importation, stock. Variations de ces divers facteurs rapprochées des variations des prix. — Résultats. — b) Les divers prix, sur les lieux de production, sur les lieux de consommation, à l'importation. — c) Discussion et interprétation. — L'explication courante. — Discussion. — Les facteurs essentiels à rechercher.

tionner l'intérêt économique, — même pour l'intelligence des faits actuels, — à cette différence de grandeur.

Dans les mouvements de prix qui se sont développés depuis 1914, il faut sans doute faire la part des conditions économiques générales, notamment des conditions monétaires ; il faut faire la part, et spécialement dans le cas présent, des conditions de production bouleversées par la guerre, et aussi des conditions fortement modifiées, et en des sens divers, de la production étrangère et de l'importation. Mais, si considérables que puissent être ces conditions nouvelles, générales ou spéciales, et justement parce qu'elles sont considérables, il importe de préciser ce qu'elles peuvent entraîner de conséquences propres. Or, pour cet objet même, en même temps que pour un enseignement économique général, il importe de pouvoir distinguer, d'avec ces conséquences propres, ce qui, dans les mouvements économiques de ces dix dernières années, est une continuation et une reproduction (fût-ce en des grandeurs accrues) de relations, de tendances déjà rencontrées antérieurement. Une telle discrimination ne peut être fondée de façon positive que sur une analyse appropriée du développement antérieur des faits.

Spécialement dans le champ de la présente étude, — prix du charbon, éléments de ce prix, facteurs et tendances y relatifs, — une reconnaissance sommaire des données m'a conduit à ce résultat que les faits des années de guerre et d'après-guerre contenaient, au degré près, plus de suites ou de renouvellements de variations et correspondances déjà observées en périodes homologues, que de réalisations sans précédent. J'espère pouvoir quelque jour le montrer plus explicitement. Mais, pour cet examen et cette interprétation même, il faut d'abord connaître cette réalité antérieure, et notamment dans le passé immédiat.

C'est à quoi je souhaite que la présente étude puisse apporter une contribution, et c'est ce qui me décide à la publier aujourd'hui telle qu'elle a été écrite il y a plus de dix ans : n'étant par là pas suspecte d'être établie pour les besoins de la cause, elle pourra d'autant plus fonder ces résultats ultérieurs.

février 1925.

I. Introduction. — Sources.

**Prix généraux et prix spéciaux et particuliers. — Données de la Statistique
de l'industrie minérale et autres données.**

La présente monographie étudie la formation du prix ou des
prix du charbon en France, non pas dans un ou plusieurs établissements spécialement considérés, mais dans tout un groupe
industriel pris d'ensemble, soit l'ensemble d'un grand bassin,
soit même l'ensemble de la production nationale.

Il y a, pour choisir ici ce type d'étude, deux ordres de raisons :
raisons tenant à la nature de l'objet, raisons tenant aux sources d'information.

1° *Raisons tenant à la nature de l'objet.* — a) L'ensemble du
charbon produit par un des grands bassins français, et, à plus
forte raison, l'ensemble du charbon produit et du charbon con-
sommé dans tout le pays, présentent assurément des différences
d'espèce (houille, anthracite, lignite), de sous-espèce (houilles
maigres, houilles grasses — à longue flamme à courte flamme,
etc.), de qualité (tout venant, gros, menus, etc.), d'état de pré-
paration (cassés, lavés, etc.) : d'où il peut sembler, au premier
abord, qu'on ne peut être assuré de traiter d'un produit assez
bien défini et assez identique à lui-même si l'on n'entre dans ces
distinctions. Mais, au contraire : plus l'on entre dans le détail
de ces distinctions, plus il devient difficile de savoir si, d'un cas
à un autre, on a bien affaire à la même particularité du produit ;
et justement parce que ces particularités peuvent souvent varier,
il serait très difficile de suivre exactement les mêmes catégories
particulières de produit à travers le nombre d'années demandé ;
ces différences, si notables qu'elles soient, ne sont pas de l'importance que présentent, par exemple, les différences entre les
sortes de pierre, ou entre les sortes d'étoffe de laine ou de coton,
et elles n'empêchent pas que le charbon, produit naturel simple
et, malgré tout, produit brut, ne soit encore une notion assez dé-
terminée et assez constante, surtout considéré sur des ensembles
assez grands de production ou de consommation ; ces différences,
et les proportions de production ou d'emploi de ces diverses
sortes, dépendent de conditions physiques (nature du gîte, etc.),
techniques, économiques, qui, pour tout un bassin, tout un pays
ou tout un marché, ne paraissent pas varier brusquement ni
beaucoup, dans la période considérée (pour une exploitation prise
isolément, cette variation, par contre, pourrait être assez forte
et difficile à éliminer).

b) A ces différentes espèces, sous-espèces, qualités et préparations, correspondent assurément dés prix assez différents, et dont les variations ne sont pas toujours exactement identiques ni d'époque, ni de sens, ni de grandeur absolue ou relative. Mais, justement parce que, comme il vient d'être dit, ces catégories de produit peuvent varier d'autant plus qu'elles sont plus particularisées, il devient aussi d'autant plus difficile qu'on entre davantage dans le détail de ces prix particuliers, de distinguer quelle part, dans la variation de ces prix, tient simplement à un changement dans le produit auquel ils s'appliquent. De plus, en dépit de leurs particularités, ces divers prix ne laissent pas d'être étroitement solidaires, et leurs variations d'être en corrélation manifeste bien que complexe, et cela surtout pour les grandes catégories qui, tant par la quantité produite et employée que par le rôle économique, sont les plus importantes (et il suffit sans doute, pour faire comprendre cette solidarité et cette corrélation, qu'une concurrence ou une substitution d'emploi existent ou soient possibles entre ces catégories, même pour une part seulement).

c) Le charbon est un produit qui, surtout à la période où nous le considérons, possède un marché organisé, c'est-à-dire un marché où se cotent régulièrement les prix de types déterminés du produit et où des groupes producteurs fixent les prix qu'ils reconnaissent pour une période donnée ; soit parce qu'ils sont directement appliqués pour une grande part, soit parce que, pour une autre grande part, les prix spéciaux ou particuliers s'établissent moins par eux-mêmes que par rapport à ces prix types et par différence avec eux, ces prix types ont une action simplificatrice et régulatrice d'où il résulte qu'ici, encore bien plus sûrement qu'ailleurs, ce sont les prix spéciaux et particuliers qui dépendent des prix généraux, beaucoup plus que ceux-ci de ceux-là.

d) Tout de même, n'est-ce point par établissement qu'en fait, dans la réalité des transactions, se fixent les prix, et n'est-ce point donc sur la base de l'établissement que l'étude devrait se placer d'abord ? Assurément une observation des prix effectifs a raison de prendre pour base l'établissement (et en fait, nous allons le voir, les données que nous utiliserons principalement ont cette base, quant à leurs éléments). Mais il ne s'ensuit pas que, pour la recherche des facteurs dont dépend le prix, il y ait avantage à s'enfermer d'abord dans ce cadre. Sans donner d'autres raisons, il suffira de remarquer qu'ici, pour les groupes français producteurs de charbon les plus importants, et surtout dans la période que nous considérons, la condition et l'organisation de la production et de la vente ont été telles, nous le verrons, que les prix de vente par établissements se sont fixés beaucoup moins par eux-mêmes que par référence ou subordination à un prix commun ou à un prix dominateur, par ailleurs déterminé ; même certains éléments internes du prix, du coût de revient, par établissements, tels que les salaires, ou encore les charges des « institutions sociales », sont, pour ces groupes et surtout en cette période, déterminés par application d'une règle commune. Que les différences rencontrées, s'il y en a, entre les prix de tel ou tel établissement et ces prix communs ou généraux tiennent, par exemple, à une spécialité de production ou de clientèle, à telle ou telle particularité dans les conditions physiques, techniques ou économiques de chaque entreprise, — et que peut-être elles intéressent l'industriel ou le commerçant de chaque entreprise plus que l'économiste, — toujours est-il qu'elles sont secondes, de fait et d'importance, par rapport à ces éléments communs ou généraux. La monographie par établissements ou bien risquerait de conduire, d'abord, à ces particularités secondes, ou bien aboutirait, malgré tout, à ces éléments communs, mais, sans doute de façon incertaine et incomplète, dans ce cadre qu'ils débordent : et à coup sûr on a plus de chance de les atteindre mieux en les étudiant d'abord directement dans un cadre qui corresponde à leur extension.

2° *Raisons tenant aux sources d'information.* Même lorsqu'on désire, en principe, placer l'étude sur une base assez large, on est souvent empêché de le faire, — si l'on tient en même temps à la précision et à la sûreté des observations, — par la difficulté ou même l'impossibilité d'avoir, sur une base large, des observations effectives, de signification et de valeur identiques et satisfaisantes. Mais, dans le cas présent, il se trouve, au contraire, que nous pouvons disposer de données s'appliquant à des ensembles, aussi bonnes et même, à certains égards, meilleures que celles dont nous aurions pu poursuivre l'obtention dans le cadre d'un ou plusieurs établissements.

La *Statistique de l'industrie minérale,* que publie, pour chaque année, l'administration d'Etat du Corps des mines, nous offre, en effet, tant sur les prix des charbons que sur plusieurs des éléments importants du prix et que sur l'exploitation, la production et la consommation de ces combustibles, des données s'appliquant soit à des groupes (bassins, ou départements) soit à l'ensemble du pays, qui présentent de grands avantages :

a) Toutes ces données proviennent d'une source identique, d'auteur et de constitution : elles sont établies par un même corps de fonctionnaires, compétent, à traditions certaines, dont les pratiques, si elles ont pu différer ou varier, sans doute ne diffèrent pas de beaucoup et ne varient pas brusquement dans l'ensemble ; elles sont formées en des cadres, à peu de changements près, restés les mêmes, et suivant des procédés sans doute sensiblement constants.

b) Ces données sont élaborées par l'administration des mines sur des éléments fournis par les exploitants. En ce qui concerne le travail d'élaboration, on peut voir que, pour une part, il consiste en transcriptions et opérations arithmétiques simples où le coefficient personnel d'interprétation, d'erreur par inattention ou négligence, ou d'erreur tendancielle, est sans doute assez faible, surtout pour les données les plus importantes, et en tout cas, dans l'ensemble, est sensiblement constant. Pour les données (telles notamment que les prix) qui comportent bien une part d'interprétation par l'administration, on peut remarquer que l'établissement de ces données, qui doit servir à l'assiette d'une redevance fiscale (2) est certainement accompli, par les organes administratifs qui en ont reçu la charge, et qui ont à cet égard toute la compétence désirable, avec soin et conscience, sans déformation intéressée, suivant des règles ou des traditions qui n'ont pas varié brusquement ou sans qu'on puisse en avoir connaissance, et en tout cas avec un coefficient d'erreur, pour quelque cause que ce soit, sensiblement constant sur l'ensemble.

c) Les éléments sur lesquels l'administration opère cette élaboration et qui lui sont fournis par les exploitants sont tous des données qui ne comportent que peu ou pas d'interprétation, qui sont sûrement connues de ces exploitants, et qu'ils peuvent fournir sans effort et sans travail spécial, avec exactitude. Pour une part d'entre elles, ils n'ont aucun intérêt à les déformer, et la part d'inattention ou de négligence peut être tenue, en gros, pour constante. Pour celles qui touchent à leurs intérêts, on peut remarquer que la déformation qu'elles pourraient subir de ce chef, d'abord, serait toujours d'un même sens, qu'on peut deviner, et ensuite ne serait sans doute pas ou d'une quotité bien forte ou de grande conséquence : car, d'une part, elle présenterait par ailleurs des inconvénients pour les exploitants eux-mêmes ; et d'autre part et surtout, l'administration à qui elles sont fournies, et qui n'est pas liée par elles, n'est nullement dépourvue de moyens d'appréciation et de contrôle ; en tout cas, tenant à des raisons et se reproduisant en des conditions sensiblement constantes, elle doit être sensiblement constante elle-même.

En résumé, on le voit, les données que nous pouvons tirer de la *Statistique de l'industrie minérale*, ont un sens défini et stable, et, par elles-mêmes, une valeur déjà sérieuse : mais surtout elles sont, à la réalité qu'elles expriment, dans un rapport que, de tous les chefs d'erreur ou de déformation, on peut tenir, sauf indication contraire, pour sensiblement constant. Prises en elles-mêmes, elles sont de valeur comparable, sinon supérieure, aux meilleures de celles que nous pouvons avoir d'autre part, même sur une base moins étendue. Prises non plus de façon absolue, mais seulement *en valeur relative par rapport à elles-mêmes*, —

---

(2) Du moins jusqu'en 1910. Voir ci-dessous le paragraphe Impôts, IV, d.

puisqu'ainsi la différence qui peut exister avec la réalité, étant constante, s'élimine, — *elles constituent une représentation exacte de la réalité.*

Concurremment avec elles, nous utiliserons encore des informations de diverses autres sources, tant pour les constatations mêmes de prix ou d'éléments du prix, que pour les données d'interprétation. Nous pouvons, à cette occasion, remarquer dès maintenant, en ce qui concerne les prix, que les variations indiquées par les autres sources correspondent manifestement, surtout du point de vue relatif, à celles que présentent les données tirées de la statistique minérale.

Nous nous proposons d'étudier, plus spécialement dans les vingt-cinq années 1887-1912, la formation et la variation :

1° *du prix moyen du charbon sur les lieux d'extraction,* fourni par la Statistique de l'industrie minérale, pour l'ensemble de la France et pour les plus importants des bassins ou départements producteurs (col. 2-3 et 10-15 du tabl. A) ;

2° *du prix moyen du charbon sur les lieux de consommation,* fourni par la même statistique, pour l'ensemble de la France (col. 4 5 du tabl. A) et, s'il y a lieu, pour tel ou tel département ;

— Ces deux données tendent à nous donner, la première sans doute d'assez près, la seconde pour les grandes transactions de gros tout au moins, une notion qui pourrait se définir : « la somme d'argent qui, multipliée par les quantités de combustible produites ou échangées pendant un an dans les limites de lieu considérées, donnerait le montant total en argent des transactions de combustibles (ou opérations assimilées) intervenues en cette même année dans ces mêmes limites » ; et ainsi ces deux données, on le voit, se définissent bien, et toujours de semblable façon, en fonction des prix *effectivement pratiqués* et à proportion des quantités produites ou échangées aux divers prix (3).

---

(3) Ces prix ont déjà été étudiés ou utilisés, directement ou à propos d'autres recherches, dans bien des travaux. Pour l'objet de la présente étude nous citerons spécialement : LESOIR, *Etudes sur la formation et le mouvement des prix.* Paris, Giard, 1913. (Un chap. sur le charbon, p. 88-104, étudie le premier des prix indiqués ci-dessus, prix sur les lieux de production de la statistique minérale, ensemble de la France, depuis le milieu du 19ᵉ siècle surtout, par recherche des corrélations statistiques avec divers facteurs, consommation, production). — DE PEYERIMHOFF (secrétaire général du Comité des houillères de France), *L'industrie houillère,* Etude sur les grandes industries françaises. Paris, Alcan et Finance Univers (1913), p. 141-190. — Du même, conférence sur le même sujet, parue dans Musée Social, Mémoires, 1913, N° 5. — Ed. Lozé, ingénieur des mines, *Le prix du charbon,* semestre de —, Articles, deux fois par an, depuis un certain nombre d'années, dans l'*Economiste français* ; les deux derniers parus à la rédaction de la présente note : 1ᵉʳ juin 1912 (semestre d'été 1912), 26 oct. 1912 (hiver 1912-13). (Etudie d'avance pour le semestre qui va suivre les

Nous y joindrons et en rapprocherons des séries de *cours du charbon*, ou de moyennes de cours, reprises notamment dans les tableaux d'autorité reconnue publiés par la *Réforme économique* (col. 8-9 du tabl. A) (4).

Nous y ajouterons la série des *prix moyens du charbon* (houille crue) à l'importation, établis par la Commission des valeurs de douane, qui, sans avoir la même élaboration et une signification aussi précise que les données de la statistique minérale, peuvent cependant en être rapprochés, au moins en valeur relative, et en tout cas représentent mieux que ne feraient les prix tirés des statistiques ou cours des pays étrangers, la valeur des charbons étrangers, non dans ces pays, mais sur les marchés français d'importation (col. 6-7 du tabl. A) (5).

Afin de faciliter, pour ces diverses séries de données, l'étude en valeurs relatives qui se recommande par les raisons que nous venons d'indiquer, et aussi la comparaison, également en valeurs relatives de l'une à l'autre de ces séries nous avons calculé, pour chacune, un nombre indice par rapport à la donnée (6) de l'année 1892 = 100, sauf pour les séries de la *Réforme économique*, pour lesquelles nous avons reproduit simplement les indices publiés par cette source, dont la base est le prix de 1890 = 100.

raisons à prévoir de hausse et baisse). — Aftalion, *Les cartels des mines de charbon du Nord et du Pas-de-Calais. Rev. économique internationale*, mai 1911, p. 274-308 (influence du cartel sur les prix). — Pour plus de données, notamment plus haut dans le 19e siècle, et pour plus de développements sur divers points, je renverrai aussi à mes travaux antérieurs : F. Simiand, *Essai sur le prix du charbon en France* et au XIXe siècle, Mémoire publié dans l'*Année sociologique*, t. V, 1902, et *Le salaire des ouvriers des mines de charbon en France*. Un vol. Paris, Cornély, 1907.

(4) Toutefois, cette source ne donnant pas un chiffre unique en valeur absolue, nous n'en avons pris ici que le nombre indice ; et comme le nombre indice n'a pas été le même dans des volumes passés de ce périodique et dans les tableaux actuels (où il varie, du reste, parfois d'un numéro à l'autre), nous avons juxtaposé ces deux suites distinctes, a et b, dans les col. 8 et 9.

(5) Nous avons donné et étudié également ce prix depuis l'origine dans l'*Essai* cité plus haut (n. 3 p. précéd.).

(6) Le choix de cette année comme base de nos indices a été fait pour des raisons qui débordent cette étude : cf. mon ouvrage : *Salaire des ouvriers des mines*, p. 52 ; mais on peut voir, ici même, que cette année présente, dans les diverses séries, des données non extrêmes. — J'indique, à ce propos, que cette base ayant été adoptée pour les calculs de mon ouvrage, on peut ainsi sans nouveau calcul lier aux séries de la présente étude toutes les séries de valeurs relatives qui sont données dans cet ouvrage et permettent de remonter beaucoup plus haut que le cadre donné ici ne le comporte. — Pour les séries de données relatives présentées dans mon travail antérieur, *Essai sur le prix du charbon*, la base adoptée avait été la moyenne des données pour 1892, 1895, 1898 : il y aurait donc, pour relier les indices de ce travail à ceux-ci, une conversion à faire (qui, du reste, se trouverait, pour la raison indiquée, n'y pas apporter de grand changement). — Les nombres indices de Lenoir, *Formation et mouvement des prix*, ont pour base la moyenne de 1891 à 1900 = 100.

II. Allure générale du mouvement des prix du charbon.

Variations saisonnières, variations cycliques, variations séculaires.

Notre premier soin doit être de reconnaître l'allure générale du mouvement des prix du charbon, afin d'en dégager, si possible, les traits caractéristiques et d'avoir aussitôt, en ces caractéristiques, des moyens d'orienter sûrement notre étude, de ne pas nous égarer sur des rapprochements arbitraires ou illusoires, et de rechercher et établir méthodiquement des correspondances effectives et fondées.

D'après tout ce que nous en savons, tant d'après les données qui viennent d'être indiquées que d'après des données plus détaillées ou reprises plus haut dans le temps ou en d'autres sources ou pour d'autres lieux, les prix du charbon présentent, dans le cours du temps, en notre économie moderne (7), au moins deux sortes de variations et peut-être trois :

1° des variations à l'intérieur d'une année, — notamment d'une cotation à une autre, d'une semaine à une autre, d'un mois à un autre : on pourrait les appeler *variations saisonnières* ;

2° des variations d'année en année, en hausse, puis en baisse, d'un petit nombre d'années en un sens, puis en l'autre, la période totale (hausse et baisse consécutives) s'accomplissant d'ordinaire en huit ou dix ans : on pourrait les appeler *variations cycliques* ;

3° des variations à plus longue période, hausse ou baisse d'ensemble se poursuivant à travers plusieurs des cycles qui viennent d'être reconnus : on a proposé de les appeler *variations séculaires.*

Nous pouvons prendre une idée de l'allure et de l'importance des premières, des *variations saisonnières*, en considérant par exemple, pour les douze mois d'une ou deux des dernières années, les prix, au cours, de différents types de charbon et les indices globaux (1890=100), donnés par la *Réforme économique* :

(Tableau voir p. suivante)

On voit, par ce seul exemple, que toutes les séries de prix ne paraissent pas présenter des variations de cette sorte ; et que, là où nous en trouvons, elles sont souvent assez faibles, ou aussi qu'elles se situent à des moments de l'année correspondants. Et en effet on reconnaît assez communément que, — mises à part les variations, saisies à un moment d'une année, qui manifestent

---

(7) Spécialement à partir du milieu du xix° siècle. Plus haut dans le xix° siècle, les mouvements sont plus difficiles à analyser. Cf. notre *Essai*, p. 29-30, et Lenoir, *op. cit.*, p. 90, 95.

simplement un passage d'un niveau à un autre appartenant au mouvement cyclique (ces passages ne se font pas forcément, en effet, au changement de l'année civile), — les variations restantes, c'est-à-dire les variations proprement saisonnières, ne se produisent pas, ou pas également, pour toutes les catégories de charbon.

Années et mois	Charbons industriels					Nombre indice global	
	Charbons industriels du Nord sur bateau	Charbons étrangers				Prix de 1890 = 100	
		P. Galles Vap. gr. première	Belgique adj. etc. f. m. 1/2 gr. IV	West-phalie Gras, gr. première	Saar-bruck à la mine		
	a	b	c	d	e		
1912	fr. c.	fr. c.	fr. c.	fr. c.	fr. c.	1911	1912
Janvier	20,50	23,25	—	—	15,56	119	121
Février	20,50	24,00	—	—	15,18	119	123
Mars........	20,50	27,50	—	—	14,87	120	128
Avril........	20,50	27,50	—	16,87	15,87	119	132
Mai	20,50	27,50	—	16,87	15,19	119	134
Juin	20,50	22,80	—	16,87	15,62	120	121
Juillet.......	20,50	21,50	—	16,87	14,81	121	121
Août........	20,50	21,50	—	16,87	14,81	121	118
Septembre..	20,50	21,50	—	16,87	14.50	119	118
Octobre.....	20,50	21,50	—	16,87	14,68	119	117
Novembre..	20,50	21,25	—	16,87	14,87	117	117
Décembre..	20,50	21,85	—	16,87	14,87	117	118
1913							1913
Janvier	20,50	23,75	13,50	16,87	15,00		119
Février	20,50	24,15	13,50	16,87	15,93		122
Mars........	20,50	23,75	13,50	16,87	15,81		123
Avril........	20,50	24,65	13,50	16,87	15,87		124
Mai	20,50	26,85	13,50	16,87	15,87		128

Ce sont surtout les charbons pour l'emploi domestique dont les prix présentent des variations notables de cette sorte. Et il est admissible même que ces variations augmentent d'amplitude relative à mesure qu'on va des lieux de la production au marché de consommation et, sur ce dernier, du marché de gros au commerce de détail (encore, sur ce point, signale-t-on, surtout depuis quelques années, une action régularisatrice de la centralisation croissante de ce commerce). Il est connu également que les prix de ces charbons paraissent sensibles aux conditions météorologiques générales et que la variation saisonnière est plus ou moins forte selon la rigueur ou la durée plus ou moins grande de la saison d'hiver. Inversement on a indiqué que les prix de ces charbons, du moins de ceux qui sont bien nettement spécialisés à l'usage domestique, sont peut-être moins sensibles aux variations cycliques générales.

Quoi qu'il en soit, de toutes ces constatations et considérations, il ressort : 1° que le mouvement des prix du charbon de période plus longue que l'année apparaît bien indépendant de ce mouvement proprement saisonnier, lorsque ce dernier existe, et n'est pas simplement l'accumulation des résidus d'un mouvement de période intérieure à l'année ; 2° que ce mouvement proprement saisonnier apparaît limité et par là même secondaire (d'après les évaluations de l'administration des mines, le charbon employé à l'usage domestique ne représente guère plus de 20 p. 100, de la consommation totale, aux années où cette proportion est la plus haute, et a représenté souvent une proportion moins forte) ; 3° que de cette variation proprement saisonnière, du moins à sommaire inspection, les facteurs correspondants apparaissent simples et peu révélateurs.

Au total, l'étude des variations proprement saisonnières, outre qu'elle se heurterait assez vite à des difficultés de documentation satisfaisante, apparaît donc assez peu susceptible de nous éclairer sur les traits à la fois plus importants et plus complexes que nous a présentés le mouvement général.

Quant aux variations à longue période qu'on a proposé d'appeler *variations séculaires*, ce serait une première tâche que d'examiner si, dans le mouvement de prix considéré, il en existe vraiment de telles, constituant bien une troisième sorte, indépendante des secondes appelées plus haut variations cycliques. Nous n'entendons point par là méconnaître que, de l'un des cycles de ces dernières au suivant (ou, si l'on veut simplifier ainsi, de la moyenne des prix d'un de ces cycles à la moyenne du suivant), il ne se manifeste, en des périodes, une hausse, et en d'autres périodes, une baisse ; nous voulons remarquer qu'il y a lieu de discuter, d'abord, si ce mouvement apparent d'un cycle à l'autre ou à travers les cycles ne peut pas tenir simplement à ce que le mouvement cyclique comporterait un résidu, tantôt positif, tantôt négatif, et si l'existence et le sens de ce résidu ne peuvent eux-mêmes tenir à des causes ou conditions intérieures aux cycles ou du moins que l'étude des mouvements cycliques décelerait. Si cet examen aboutit à reconnaître des variations séculaires propres et indépendantes, une seconde tâche serait d'examiner si elles ont un caractère propre au produit ici considéré ou si elles sont seulement (ou dans une certaine mesure) le retentissement d'un mouvement général sur ce mouvement particulier. Mais, quoi qu'il en soit, le cadre fixé au présent travail exclut ce problème : car, pour être concluante, une telle étude devrait embrasser au moins deux, sinon plusieurs, de ces mouvements à grande période supposés :

or, un cadre de vingt ou vingt-cinq ans n'en comprend peut-être même pas un tout entier (8). Nous nous bornerons donc ici à reconnaître si entre les cycles que ce cadre comprend (en tout ou partie) paraît se manifester un mouvement de cette sorte (c'est-à-dire, par exemple, si la moyenne des prix de l'un est supérieure ou inférieure à celle de l'autre) et, dans l'affirmative, à nous demander si ce mouvement paraît tenir à des raisons que nous puissions soupçonner et atteindre dans ce cadre.

Jugeant secondaire l'étude des variations proprement, saisonnières, et réservant la question des variations séculaires propres, ou n'y touchant que subsidairement de la façon que nous venons de dire, *nous allons donc nous attacher essentiellement aux variations appelées variations cycliques*, hausses et baisses interannuelles d'une période totale de huit à dix années. — Ce faisant, nous pensons, du reste, nous prendre aux variations les plus révélatrices des facteurs qui contribuent à la formation et à la variation des prix du produit considéré. Inversement, toute comparaison entre un changement dans ces prix et un changement en tel ou tel facteur, qui ne tiendrait pas compte de ces cycles, ne peut qu'égarer et conduire à des conclusions non probantes : par exemple, toute comparaison entre les prix du charbon avant et après telle mesure législative (limitation de la journée de travail, modification douanière, etc.), ou avant et après l'institution d'un cartel, avant et après l'ouverture de tel débouché, etc., n'établit nullement une influence de ces faits sur les prix, si l'on ne s'est pas d'abord inquiété d'examiner si les années comparées se situent semblablement dans des phases semblables de ces cycles, ou si l'on n'a pas valablement éliminé dans les prix comparés la part possible de la variation cyclique propre. — De toutes façons, donc, puisque notre première reconnaissance de l'allure du mouvement des prix du charbon nous y montre aussi nettes et aussi importantes des variations cycliques de cette sorte, c'est d'abord par rapport à elles et sur elles que nous devons rechercher et éprouver les corrélations entre les mouvements de ces prix et tels ou tels facteurs dont nous pouvons supposer l'influence.

Mais, pour avoir la possibilité d'au moins une contre-épreuve aux correspondances qui pourraient nous apparaître dans ce cadre d'un cycle, nous devons pouvoir embrasser, dans la présente étude, au moins deux cycles complets (hausse et baisse). Pour cette raison, comme le cycle le plus proche de nous, commencé en 1905, n'est peut-être pas sûrement terminé, nous remontons, dans nos données, un peu plus haut que vingt ans, jusqu'en 1888

---

(8) On trouvera une distinction et une étude de cette variation séculaire dans LENOIR, *op. cit.*, spécialement p. 97 sqq.

(ou 1887 pour certaines séries), afin de comprendre dans notre analyse : un premier cycle, composé d'une hausse allant de ces années à 1890 ou 1891 respectivement (suivant les séries), et d'une baisse allant de ces dernières années à 1895 ou 1897 respectivement ; un second cycle, composé d'une hausse allant de 1895 ou 1897, à 1900 ou 1901, et d'une baisse de 1900 ou 1901 à 1905. Nous pourrons, en outre, confronter cette double épreuve complète avec ce que nous pouvons observer depuis : hausse de 1905 à 1907 ou 1908, baisse courte de 1908 à 1910, et depuis 1910 sans doute reprise en hausse. Nous ne nous interdirons pas, du reste, de recourir, — au moins par référence aux études où elles se trouvent déjà faites (9), — à des comparaisons remontant au delà de 1888, et que les sources indiquées permettent jusque même en la première moitié du 19° siècle.

III. Le mouvement des prix du charbon et le mouvement général des prix.

Notre première recherche de correspondances nous paraît devoir porter sur celle qui peut exister entre le mouvement des prix du charbon et le mouvement général des prix : car, suivant qu'il nous en apparaîtra ou non exister une, ou que, s'il en apparaît, elle nous apparaîtra plus étroite ou plus large, de coïncidence ou bien de succession, nous serons inclinés à chercher, au mouvement des prix du charbon, des facteurs antécédents plus généraux ou plus spéciaux, plus communs à la vie économique générale et à ses relations avec l'industrie houillière, ou plus propres à l'industrie houillière prise en elle-même.

Rapprochons donc, de nos variations de prix du charbon, les variations, dans la même période : du nombre indice calculé sur les prix de 43, puis 45 marchandises, Statistique générale ; et du nombre indice calculé sur les prix de 48 articles (sur les marchés intérieurs) publiés par la Réforme économique (ce dernier existe à partir de 1890 seulement) ; pour les deux, l'indice correspondant à la période 1891-1900 supposé égal à 100 (10). Pour ces indices comme pour le prix du charbon nous trouvons, dans la période considérée, des variations cycliques, et en correspondance, en gros, assez manifeste. Mais : 1° les hausses des indices du mouvement général des prix (hausse à partir de 1887, 1896, 1904, et, pour la reprise de la dernière hausse, de 1908), si elles commencent en même temps que les hausses du prix du charbon à

----

(9) Cf. les indications bibliographiques données note (3).
(10) Cf. *Annuaire statistique* (France), éd. 1911, p. 219.

14   REVUE D'HISTOIRE ÉCONOMIQUE ET SOCIALE

l'importation, commençent plutôt que celles du prix du charbon sur les lieux de consommation et surtout sur les lieux de production (hausse à partir de 1888, et 1889, 1897, 1905 et, pour la dernière reprise, au plus tôt 1910 sans doute) ; 2° les baisses des indices généraux (baisse à partir de 1890, 1900, et de 1907 à 1908), si elles commencent en même temps que celles du prix du charbon à l'importation et du prix sur les lieux de consommation, commencent plus tôt que celles du prix du charbon sur les lieux de production (baisse à partir de 1891, 1901, et de 1908 à 1910) ; 3° l'amplitude des mouvements tant de hausse que de baisse est sensiblement différente :

			Première hausse	Prem. baisse	Seconde hausse	Sec. baisse	Troisième hausse
Rapport % du prix le plus bas au prix le plus haut	Prix du charbon	a	78	82	69	82,5	82
	id.	b	85	83	70	81	89
	id.	c	58	72	59	63	72
	Indices généraux des prix	a	92	82	83	94	86
	id.	b	92	82	80	93	85

4° d'un cycle à l'autre, la moyenne des indices s'élève pour les prix du charbon (a) de 98,5 à 114 ; de 100 à 108 pour les indices généraux.

De ces diverses constatations, il ressort que le mouvement des prix du charbon est assurément en une certaine relation avec le mouvement général des prix (de gros) traduits dans les indices utilisés, mais qu'il s'en distingue, pour l'une des séries (prix sur les lieux de production), par une postériorité de date des mouvements dans les deux sens, et, pour toutes les séries, par l'amplitude plus grande le plus souvent des mouvements dans les deux sens, et par l'élévation plus forte du niveau moyen d'un cycle à l'autre. Plus haut dans le siècle (11), la comparaison entre les deux mouvements avait déjà donné des résultats analogues, et notamment celui-ci que le prix du charbon, du milieu à la fin du siècle, se trouvait avoir beaucoup moins baissé que l'indice général.

Par ces résultats, les variations du prix du charbon nous apparaissent donc être tout à la fois liées à celles de l'indice général des prix et différenciées d'avec elles. Il n'en ressort pas que ce lien entre elles soit un lien de conséquence simple, de celles-ci à celles du prix du charbon (puisque, si les mouvements de l'un de nos prix du charbon apparaissent régulièrement suivre ceux de

____

(11) Cf. notre *Essai*, p. 19 (la comparaison y est faite avec l'indice de Sauerbeck, parce que ceux que nous venons d'utiliser n'étaient pas encore utilisables à la date de ce travail : mais le mouvement de l'indice français est à cet égard tout à fait pareil).

l'indice général, et pourraient donc en être un effet, les mouvements de nos autres prix du charbon commencent et finissent en même temps que ceux de l'indice général) : s'il y a dépendance, le sens de la dépendance, sur ces données seules, reste donc en suspens. Cette considération et les différences que présentent les variations des prix du charbon par rapport à celles de l'indice général nous autorisent à étudier ce prix pour lui-même : mais la ressemblance des deux mouvements nous porte à rechercher, pour rendre compte de ces variations, plutôt des facteurs qui, avec des différences suivant les industries et les produits, puissent cependant leur être communs, que des facteurs exclusifs à l'industrie houillière.

Cette même raison, ainsi que la répétition régulière de variations semblables en cycles successifs, nous font écarter, comme causes des variations du prix étudié, tels ou tels événements accidentels ou particuliers, auxquels on donne souvent, même parmi les intéressés, la plus grande importance (12) : tout au plus auraient-ils une influence seconde, venant en renforcement ou atténuation des influences essentielles et initiales.

IV. Le prix et le coût de revient.

A. La matière première.

Comme facteurs qui puissent présenter ce caractère d'être communs aux diverses productions et cependant différents de l'une à l'autre, les facteurs économiques généraux paraissent, et spécialement en matière de prix, être les plus indiqués : les conditions techniques, physiques, etc. paraissent, en effet, être, de nature, beaucoup plus spéciales à chaque industrie ou production. De ces facteurs économiques généraux, celui dont l'action sur le prix du produit est le plus ordinairement présumé dès l'abord, est le *coût de revient* de ce produit, au total et en ses divers éléments. Recherchons donc si nous trouvons, dans le coût de revient du charbon ou dans ses éléments principaux, des variations qui correspondent à celles du prix de ce produit et, dans l'affirmative, si les variations de ces éléments paraissent rendre compte, en tout ou en partie, de celles du prix. — Pour cette recherche il est évident que, de nos prix, c'est le prix sur les lieux de production que nous devons étudier.

La nature et la constitution même de l'industrie houillère nous donnent ici une première simplification : industrie extractive, d'un produit livré brut, à son état naturel ou à peu près, elle ne s'exer-

___

(12) Par exemple beaucoup de réponses patronales à l'*Enqéte parlementaire* de 1902-03 donnant comme explication de la hausse des prix 1898-1900 la guerre du Transvaal, etc.

ce pas sur une *matière première* dont le coût ait à être pris en considération, comme premier élément du coût de revient. Même si, du point de vue de l'analyse économique du prix, on assimilait, à ce que le coût de la matière première est dans les industries opérant une transformation, le prix payé par l'exploitant de mine au propriétaire du tréfonds ou même au propriétaire de la surface, on sait que le régime minier français au xixe siècle ne comporte que dans un des bassins (13) des redevances de cette sorte qui soient dues par tonne extraite ; et si l'existence de cette redevance a pu être invoquée pour expliquer la différence de niveau entre les prix de ce bassin et les autres, elle ne saurait l'être comme élément des variations de prix que nous avons observées dans la suite des années, puisque le montant en est fixé une fois pour toutes sur des bases qui ou n'ont pas varié ou n'ont pu varier que dégressivement (du reste le taux en est assez faible par rapport au prix et aux variations de ce prix). Pour les autres bassins c'est-à-dire pour la plus grosse part de la production française actuelle, les sommes forfaitaires payées lors de la concession, ou à l'occasion des modifications apportées à la surface, etc., n'ont sans doute pas le même caractère ; la charge en serait du reste, ou amortie depuis longtemps, ou en tout cas relativement peu importante, ou enfin sans correspondance de variation avec celles du prix. Quant aux redevances à l'Etat, elles ont plutôt le caractère d'un impôt et seront étudiées plus loin à ce titre. — En somme, on le voit, au titre de coût des matières premières, il n'y a pas d'élément notable à retenir ici.

B. Le coût de la main-d'œuvre. — Le salaire.

Ce premier chef étant donc écarté, nous reconnaîtrons sans peine que le gros élément du coût de revient dans la production du charbon est, aujourd'hui encore, le coût de la main d'œuvre : et c'est encore une simplification à noter dans la formation de ce prix que l'importance si grande d'un seul élément. Il convient donc de donner à cet élément une particulière attention.

Le personnel ouvrier d'une mine, aujourd'hui surtout, comprend des espèces, catégories, qualités d'ouvriers multiples et diverses, auxquelles correspondent des modes d'établissement, taux, et montants de salaires également multiples et divers. Mais il n'est pas nécessaire à l'étude présente d'entrer dans ce détail. Une part de ces ouvriers, celle qui caractérise l'industrie, les mineurs proprement dits ou ouvriers employés directement à l'a-

---

(13) Redevances tréfoncières du bassin de la Loire, de base et de taux divers selon les concessions (de 0,60 par tonne à 3 p. 100 du produit brut). Cf. Leseure, *Historique des mines de houille du département de la Loire*, 1901.

batage du charbon, et leurs aides, ont une importance prépondérante, tant par leur nombre même et le montant de leurs salaires que parce que la situation de toutes les autres catégories d'ouvriers, plus ou moins indirectement, et à des degrés divers, se rapporte à la leur ; leur salaire est un salaire aux pièces (ou bien à la tâche), proportionnel à la quantité de charbon extraite, mesurée par équipe (ou petit groupe d'ouvriers travaillant ensemble à un même chantier), et réparti entre les membres de l'équipe suivant des quotités correspondant à leur qualité ; et le taux de cette rémunération est établi, pour chaque équipe et pour chaque chantier, à raison des conditions spéciales plus ou moins favorables de chacun de ces chantiers, de telle façon, en principe, que les ouvriers de l'équipe travaillant normalement puissent, chacun suivant sa catégorie, gagner le montant de salaire journalier considéré comme type pour l'exploitation à laquelle ils appartiennent (14). C'est ce salaire type qui, dans les grands bassins, a été, à plusieurs reprises, fixé par des accords entre les exploitants et les ouvriers ou encore par des arbitrages après conflits (15). Pour les bassins du Nord et du Pas-de-Calais, notamment, une série d'accords ont été conclus depuis 1891, avec ou sans grève, qui sont connus sous le nom de conventions d'Arras (16) (1889, 27-29 novembre 1891, 20 septembre 1898, 14 avril 1899, 25 octobre 1899, 31 octobre 1900, 31 octobre 1902, Conférence du 1er avril 1906, 27 juin 1908, 29 juin 1909 ; cette dernière a expiré sans être expressément renouvelée ; après une année de continuation tacite, une nouvelle convention a été signée le 25 août 1912, par les représentants des compagnies du Nord et du Pas-de-Calais, sauf quatre, et les représentants des syndicats ouvriers du Nord, d'Anzin et du Pas-de-Calais, par laquelle prime des ouvriers de fond a été relevée de 5 p. 100, dont 3 à partir du 1er octobre 1912 et 2 du 1er avril 1913, et ensuite sans modification jusqu'au 1er juillet 1915). A aucun mo-

(14) Cf. AMIEUX, *Les conditions de travail dans les mines*, passim, et notre *Salaire des ouvriers des mines*, p. 5-6 et 327-46.

(15) Notons, pour éviter des malentendus que, dans le Pas-de-Calais et le Nord, les dernières augmentations ont été stipulées comme des primes s'ajoutant à un salaire de base égal à un salaire antérieur.

(16) Cf. DUQUESNE, *Les conventions d'Arras*, Lille 1909. Cet auteur résume dans le tableau suivant les modifications de salaires fixées par ces conventions :

1889	prime	+ 20 %	total	20 %
1891	statu quo		«	20 %
1898	augmentation .	+ 5 %	«	25 %
1899	id.	+ 5 %	«	30 %
1900	id.	+ 10 %	«	40 %
1902	réduction	— 15 %	«	25 %
1906	augmentation .	+ 15 %	«	40 %
1908	statu quo		«	40 %

ment en ces accords, non plus que dans les arrangements surve-
nus dans les autres bassins, bien qu'il ait été fait état, chaque
foi, en un sens ou en l'autre, du mouvement des prix de vente et
de la situation du marché, il n'a été établi un système « d'échelle
mobile », ni reconnu des deux parties le principe que les salaires
se règleraient (en hausse et en baisse) sur les prix.

Mais cette fixation du salaire type ne nous renseigne pas exactement sur le coût de la main-d'œuvre pour deux raisons. D'a-
bord, par le mode même d'établissement de la rémunération à
l'unité produite que nous avons indiqué et par toute la part d'appréciation que, malgré tout, il comporte, cette fixation laisse une
marge d'application dont les plaintes ou contestations des intéressés semblent bien indiquer, à tout le moins, qu'on a essayé de tirer
parti. Et, d'autre part, même si chaque catégorie d'ouvriers ne
cesse pas d'obtenir le salaire fixé par la convention, la proportion d'emploi des diverses catégories, le nombre et la rémunération des espèces d'ouvriers autres que les mineurs proprement
dits peuvent varier ; et par ces variations, la somme totale dé-
pensée en salaires, et par suite le coût global de la main-d'œuvre
pour l'ensemble de l'entreprise peuvent varier, — que le salaire
type ou même que le salaire effectif ne varient pas ou varient — :
or, dans la relation des salaires au prix, c'est évidemment ce coût
global de toute la main-d'œuvre qu'il nous est essentiel de considérer.

En plus de ces renseignements sur les salaires conventionnels,
et de préférence (spécialement pour notre objet présent) aux
données de détail que nous pourrions recueillir, de sources diverses, sur les salaires des diverses catégories ou spécialités dans telle
ou telle entreprise, et sur leurs variations particulières, nous devons rechercher d'abord, pour les étudier dans leur relation au
prix, des données sur les salaires *effectifs*, et de la *totalité* de la
main-d'œuvre.

Or, justement la *statistique de l'industrie minérale* que nous
avons déjà utilisée pour les prix mêmes, nous donne ou nous
permet d'établir, sur des bases et avec un sens tout à fait comparables, pour chaque année, et soit pour l'ensemble de l'industrie
houillère française soit par départements (ou bassins) :

1° un *coût moyen de la main-d'œuvre* (tous ouvriers compris)
par tonne produite, quotient de la somme totale payée en salaires
par le nombre total de tonnes extraites ;

et, en même temps, deux autres notions très propres à nous
éclairer, combinées avec la précédente, sur le sens et l'origine des
relations entre cet élément et le prix :

2° un *salaire moyen par journée d'ouvrier* (tous ouvriers
compris), quotient de la somme totale payée en salaires par le
nombre total de journées de travail individuelles décomptées ;

3° une *production moyenne par journée d'ouvrier* (tous ouvriers compris), quotient de la quantité totale de charbon extraite, par le nombre total des journées de travail individuelles.

En rapprochant le coût moyen de la main-d'œuvre par tonne, du prix correspondant de la tonne, nous calculons *combien pour cent du produit représente*, en chaque cas, la *dépense en salaires* de la main-d'œuvre employée à le produire.

A ces données essentielles, nous pouvons, s'il est utile pour l'analyse ou l'interprétation de leurs variations et de leurs relations, joindre, tirées de la même source : les mêmes notions établies par ouvrier du fond, d'une part, par ouvrier du jour, d'autre part ; une répartition du personnel par sexe et catégories d'âge ; un indice assez bon du degré de machinisme (jusqu'en 1902), etc. ; — et tirés d'autres sources, des renseignements multiples, plus ou moins généraux ou plus ou moins représentatifs (17).

Dès le premier examen, la variation du coût moyen de la main-d'œuvre par tonne apparaît en correspondance manifeste avec celle du prix. Un examen plus précis ne fait que le confirmer :

Hausses du prix sur les lieux de production) .	1888-1891	1897-1901	1905-1908
Hausses du coût moyen de la main-d'œuvre par tonne	1888-1892	1897-1901	1905-1910
Baisses du prix (id.) .	1891-1897	1901-1905	1908-1910
Baisses du coût de la main-d'œuvre . . .	1892-1897	1901-1905	

Mais il nous apporte aussi plusieurs particularités intéressantes : 1° la hausse du coût moyen de la main-d'œuvre est, chaque fois, relativement moins forte que celle du prix : ou, autrement dit, la part du prix que représente la dépense en salaires s'abaisse aux hausses du prix (de 49 à 46 p. 100, 1ʳᵉ hausse ; de 51,2 à 44 p. 100, 2ᵉ hausse ; de 49,7 à 46,5 p. 100, 3ᵉ hausse de ce prix) ; — 2° la hausse du coût de la main-d'œuvre, deux fois sur trois, continue après que le prix a commencé de baisser (1891-1892, 1908-1910) ; — 3° la baisse du coût de la main-d'œuvre est, chaque fois, relativement moins forte que celle du prix ; de ce fait et du fait précédent, le rapport du coût de la main-d'œuvre au prix, ou la part de la dépense en salaires dans le prix, se relève dans les baisses de prix (de 46 à 52 p. 100, 1ʳᵉ baisse ; de 44 à 49,7 p. 100, 2ᵉ baisse ; de 46,5 à 49,5 p. 100, 3ᵉ baisse du prix).

Rapprochons maintenant de ce double mouvement ceux de nos deux autres données essentielles : salaire moyen par journée

---

(17) Cf. Notre *Salaire des ouvriers des mines*, p. 14-23 et notes.

d'ouvrier (tous ouvriers compris), et production moyenne par journée d'ouvrier. Nous trouvons qu'à chaque hausse du prix et du coût de la main-d'œuvre par tonne, le salaire journalier hausse, et aussi longtemps que le coût de la main-d'œuvre par tonne, mais relativement moins que ce dernier : c'est dire que la production journalière moyenne fait, à ces moments, un mouvement inverse de baisse. Avec les baisses du coût de la main-d'œuvre par tonne, le salaire moyen par journée baisse aussi, mais relativement moins ou, même, reste stationnaire : c'est dire que la production moyenne par journée, à l'inverse, s'élève à ces moments.

Ces corrélations essentielles, observées sur les données correspondant à l'ensemble de la France, se retrouvent, en ce triple double mouvement de la période 1887-1910, sur les données propres à chacun des grands bassins, et même avec des précisions caractéristiques. — Elles se retrouvent plus haut dans le passé, tant pour l'ensemble que pour les divers bassins (18), avec cette particularité, en plus, que la hausse du salaire et même celle du coût moyen de la main-d'œuvre commence, en plusieurs expériences, sensiblement après celle du prix. — Une critique détaillée, que nous n'avons pas la place de reprendre ici, des divers éléments qui pourraient avoir influé sur les moyennes globales que nous venons d'employer, et leur avoir donné un sens différent ou autre de l'une à l'autre des constatations, montre, croyons-nous, que ces corrélations, en ce qu'elles ont d'essentiel et de caractéristique, résistent à cette discussion et même ne font qu'en être renforcées.

Que signifient-elles donc pour la formation de notre prix ? Le premier point à examiner, nous semble-t-il, parce qu'il est décisif, est le sens de la relation : c'est-à-dire *est-ce la variation du prix qui dépend de la variation du coût de la main-d'œuvre ou du salaire*, ou, au contraire, *la variation du coût de la main-d'œuvre ou du salaire qui dépend de la variation du prix ?* — 1° Si c'était une hausse du salaire, et, par suite, du coût de la main-d'œuvre qui entraînât la hausse du prix, comment s'expliquerait-il que la hausse du prix soit, chaque fois, non seulement absolument, mais relativement plus forte que celle du salaire, c'est-à-dire que, chaque fois, le prix hausse non seulement d'une somme égale à celle de l'augmentation du coût de la main-d'œuvre par tonne, non seulement même d'une quotité proportionnelle, mais encore d'une quotité plus que proportionnelle à cette augmentation ? On comprendrait encore l'augmentation proportionnelle :

---

(18) Cf. notre *Salaire des ouvriers des mines*, ch. II, sect. VII à X, ch. III, sect. II à V ; Manch, *Journal de la soc. de stat.*, 1908, p. 153-160 ; Moore, *Laws of wages*, p. 46-66. — Ces deux derniers auteurs ont vérifié ces relations en calculant entre les séries de données le coefficient de covariation pearsonien.

il se pourrait que l'augmentation des frais de main-d'œuvre entraînât une hausse correspondante dans les autres frais de production. Mais comment l'augmentation des frais de main-d'œuvre entraînerait-elle, par elle-même, une hausse plus que proportionnelle des autres éléments du coût de revient, ou du prix de vente ? — 2° Si c'était la hausse du salaire qui entraînât la hausse du prix, comment celle-ci s'arrêterait-elle avant celle dont elle procéderait, et le prix commencerait-il de baisser (deux fois sur trois dans notre expérience, et presque régulièrement dans l'expérience antérieure) alors que le salaire et le coût de la main-d'œuvre haussent encore ? — Et lorsque, dans le passé on a vu la hausse du prix commencer avant celle du salaire, comment celle-ci rendrait-elle compte de celle-là ? 3° Si c'était le salaire ou le coût de la main-d'œuvre qui, dans l'autre sens aussi, dans le sens de la baisse, entraînent un mouvement semblable du prix, comment la baisse du prix serait-elle, chaque fois, non seulement plus qu'égale en valeur absolue à cette baisse du coût de la main-d'œuvre, mais plus grande en valeur relative ? Comment la baisse du coût de la main-d'œuvre entraînerait-elle régulièrement une baisse proportionnellement plus grande des autres éléments du coût de revient ou même du prix de vente ? Et comment la baisse du prix commencerait-elle, plusieurs fois, plus tôt que la baisse du salaire et du coût de la main-d'œuvre par tonne ? — Toutes ces difficultés ou impossibilités, outre les raisons que nous en trouverons encore ultérieurement, nous amènent à conclure que, de la variation du prix et de la variation du coût de la main-d'œuvre et du salaire, *c'est la variation du prix qui mène le mouvement : ce ne sont pas les hausses du salaire, ni même celles du coût de la main-d'œuvre par unité produite, qui rendent compte des hausses du prix de vente (19), non plus que ce ne sont les baisses du coût de la main-*

---

(19) Cf. les réflexions inspirées à un auteur non suspect par une récente élévation des prix dont on donnait comme prétexte la dernière augmentation de salaire :

La nouvelle convention d'Arras du 26 août 1912, écrit-il, est bien accueillie comme garantie de paix entre les facteurs de la production. Cela justifie-t-il la nouvelle hausse de 1 franc sur les charbons lavés et 50 centimes sur les bruts industriels, imposée dans la plupart des zones depuis le début de septembre, augmentation qui s'étendit peu après aux autres ? « Les producteurs ont reconnu, conformément à la demande des mineurs, que la hausse des prix légitimait une hausse des salaires. La question se pose naturellement de savoir à quelle hausse de prix correspondait la hausse de 5 % consentie sur les salaires. Si on admet que le salaire entre pour 60 % dans le prix de revient de la houille et que ce prix soit variable entre 10 et 11 francs, on constate que *l'augmentation de salaire consentie correspond à une augmentation* d'environ 3% du prix de revient, *soit de 30 à 33 centimes par tonne. Or l'augmentation des prix de vente déjà acquise antérieurement était supérieure à ces 30 ou 33 centimes* et elle vient s'accroître de 1 franc sur les lavés et de 50 centimes sur les produits bruts » (Ed. Lozé, *Le prix du charbon,* semestre d'hiver 1912-13 ; *Economiste français,* 26 oct 1912, p. 610).

d'œuvre qui rendent compte des baisses du prix ; ce sont les hausses du prix qui permettent les hausses du coût de la main-d'œuvre et du salaire, ce sont les baisses du prix qui entraînent celles du coût de la main-d'œuvre.

Mais, si tel est le sens de la dépendance entre les variations du prix et celles du coût de la main-d'œuvre par tonne et du salaire par jour, ce n'est pas à dire que le salaire ni le coût de la main-d'œuvre suivent le mouvement du prix comme de façon automatique et spontanée ; le simple fait de leur variation moins que proportionnelle dans ce sens comme dans l'autre, et à des degrés divers pour le coût de la main-d'œuvre par tonne et pour le salaire journalier, dénonce, au contraire, en réalité, tout un jeu d'actions et de réactions, de pressions et de résistances par où, le mouvement du prix étant donné, s'établissent ces relations. L'analyse de ce jeu d'actions et de réactions intéresse plus proprement la détermination du salaire que celle du prix, et nous l'avons faite ailleurs en détail de ce point de vue (20). Elle n'est cependant pas indifférente à l'étude du prix, notamment en ce qu'elle fait connaître des facilités et des résistances aux mouvements du prix, et aussi en ce qu'elle fait comprendre certaines interprétations courantes de ces mouvements, différentes des résultats précédents. Nous la résumerons donc ici, à cet objet, brièvement.

Une aspiration ouvrière à l'élévation du salaire, et secondairement à la réduction de l'effort, se manifeste de façon continue ou fréquente, mais se heurte, en tout autre moment qu'en hausse de prix, à une résistance patronale qu'elle ne surmonte pas : lorsque le prix de vente est en hausse déclarée, cette résistance patronale cède, dans une certaine mesure, *dans cette mesure que* (malgré l'accroissement du salaire et même malgré une diminution de l'effort ouvrier, consécutive d'ordinaire à cet accroissement) *la marge entre le coût de la main-d'œuvre par unité produite et le prix de vente soit encore plus grande, et en valeur absolue et même en quotité du prix, qu'elle n'était avant la hausse.*

Vient la baisse de prix : l'effort patronal est de réduire, au moins proportionnellement, le coût de la main-d'œuvre. Pour cela, il cherche, d'abord, à rabaisser, directement ou indirectement, le taux du salaire (ce qui entraîne un relèvement de l'effort ouvrier, tendant à maintenir, malgré ce taux diminué, grâce à une quantité de travail plus grande, le salaire journalier atteint à la hausse) ; mais, de plus en plus, se fait forte, avertie et efficace, la résistance ouvrière, non seulement à la baisse du gain journalier, mais encore à toute réduction, directe ou indirecte, du taux même du salaire et à l'augmentation de l'effort ;

---

(20) Cf. *Notre Salaire des ouvriers des mines,* ch. IV.

et cette résistance explique que le coût de la main-d'œuvre et le salaire continuent de hausser, parfois, après que le prix a déjà commencé à baisser. La volonté patronale de rabaisser le coût de la main-d'œuvre avec la baisse du prix doit donc s'y ingénier par d'autres moyens encore (meilleure utilisation du travail ouvrier, limitation aux travaux de meilleur rendement, et enfin addition ou substitution au travail humain d'autres agents plus économiques, développement du machinisme, etc.). Tout cet ensemble explique que, malgré que le salaire journalier moyen, après ses hausses, se maintienne, ou ne baisse que de moins qu'il ne vient de monter, la dépense en main-d'œuvre par tonne produite puisse baisser davantage, la production moyenne par journée se relevant. Et en fait, on l'a vu, *malgré cette hausse du salaire, la part de la dépense en salaires dans le prix n'a pas haussé* de l'une à l'autre des phases de prix en baisse que nous avons embrassées, (elle est seulement remontée des minima où elle était descendue à la précédente hausse des prix) : même elle reste un peu plus basse dans la seconde de ces phases que dans la précédente, ce qui paraît indiquer que, si le prix dans cette deuxième baisse est redescendu moins bas que dans la première, ce n'est pas l'élévation des frais de main-d'œuvre qui peut en rendre compte, puisqu'ils y sont, proportionnellement à lui, plus faibles.

Mais, s'il est vrai que ce résultat ne soit pas obtenu sans difficulté, ni sans effort, cela seul suffit à nous expliquer que la hausse des salaires soit couramment dénoncée comme une raison d'élévation des prix : elle n'est pas, en réalité, dans notre expérience, un antécédent, mais bien un conséquent des hausses de prix ; mais, une fois produite, elle est assurément un obstacle à ce que, les prix rebaissant, les autres éléments du prix (et notamment, sans doute, le bénéfice patronal) non seulement conservent leur situation acquise à la hausse, mais même retrouvent leur situation antérieure; spécialement les intéressés peuvent être frappés de ce que le salaire parfois continue quelque temps de hausser alors que le prix a déjà commencé de baisser. Et de tout l'effort qui est nécessaire pour remettre les éléments du prix à leur proportion antérieure et qui, en fait, dans notre expérience présente, *y réussit*, la hausse du salaire est rendue responsable (alors que la résistance des autres éléments à une réduction, l'est, concurremment, tout aussi bien). Finalement un compromis entre ces tendances contraires naît de ce que, — moyennant, pour une part, effort ouvrier accru, et moyennant, pour une autre part, de plus en plus grande sans doute, effort accru d'organisation économique et d'agencement technique pour un meilleur rendement global, — le gain ouvrier par jour et même le taux du salaire peuvent arriver à consolider au moins une part de la hausse antérieure, et cependant le coût global de la main-d'œuvre par unité produite s'abaisser proportionnellement au prix. Et ainsi le progrès économique et technique sort de cet embarras et de cette contrainte : mais, de cette contrainte, plus tôt et plus fortement ressentie des intéressés que ce progrès, il est fait grief, plus ou moins consciemment, au facteur qui n'en a été que le premier agent. L'analyse objective des données qui nous sont fournies, permet, plus exactement sans doute, de ramener ce facteur à son rôle véritable et de reconnaître, en outre, à côté, le rôle des autres.

Telles nous paraissent donc être, dans le cadre de notre étude, les relations entre le prix et le salaire ou le coût de la main-d'œuvre, établies par le libre jeu des forces économiques intéressées. Il reste à examiner toutefois, s'il n'y a point, au moins pour les années les plus récentes ou pour un avenir prochain, à reconnaître, en outre, *une influence sur la détermination du coût de la main-d'œuvre*, d'autres actions, notamment *de l'action législative*. Si la législation française n'a jusqu'ici donné ni annoncé aucune satisfaction à la revendication ouvrière d'un minimum légal du salaire, elle a, il y a quelques années, on le sait (21), limité la durée du travail journalier dans les mines, au moins pour les ouvriers à l'abatage. Dans la mesure où cette limitation légale a fait plus que stabiliser et généraliser une durée qui tendait à s'établir ou était déjà établie pour une part importante, cette limitation a-t-elle entraîné une diminution de la production des ouvriers à l'abatage ? et, cela même acquis, le rendement moyen calculé sur l'ensemble (dans lequel, nous l'avons vu, peuvent, par divers moyens, être compensées les variations de la production directe des mineurs proprement dits) et le coût global de la main-d'œuvre par unité produite, qui y est corrélatif, en ont-ils été proprement affectés ? Il faut se garder d'y conclure trop vite en constatant simplement que, depuis la mise en vigueur de cette loi (22), la production moyenne par journée et le coût de la main-d'œuvre par tonne (qui

---

(21) Loi du 29 juin 1905 (codifiée dans Code du travail II, art. 9 à 13) limitant la journée de travail des ouvriers à l'abatage dans les mines de combustibles (du dernier ouvrier descendant au premier remontant, repos dans la mine déduit) à 9 h. à partir du 1er janvier 1906, 8 h. ½ deux ans après, et 8 h. deux ans après (soit du 1er janvier 1910).

(22) Cf. par exemple de PEYERIMHOFF, *art. cité*, p. 169. Cf. art. de *la Réforme économique* (d'après l'Echo des mines) du 21 janvier 1910. Cf. en sens contraire LOZÉ (*Prix du charbon*, été 1912, *Econ. fr.*, 1er juin 1912, p. 842) pour la production dans son ensemble : « Il ne paraîtrait donc pas permis de dire que la réduction de la journée de travail a eu pour conséquence une réduction de la production française considérée dans son ensemble. » Peut-être seulement la progression aurait-elle été plus forte sans cela : encore vaut-il mieux attendre plusieurs années pour juger. Mais le même auteur ajoute que depuis une douzaine d'années, dans le Pas-de-Calais et le Nord tout au moins, le rendement journalier moyen, comme le rendement annuel moyen, n'a pas cessé de baisser : ce qui est inexact.

nous sont actuellement connus jusqu'en 1911 inclus) ont, l'une, baissé (jusqu'en 1909), l'autre, haussé (fortement jusqu'en 1908, sensiblement encore de 1908 à 1910) : car pareils mouvements de l'une et de l'autre donnée respectivement ont été constatés, on l'a vu, à chacune des hausses de prix antérieures ; et depuis, nous voyons la production moyenne par journée d'ouvrier remonter de 1909 à 1910, et de 1910 à 1911 (faiblement, il est vrai ; mais, calculée par journée d'ouvrier du fond, où se trouvent les assujettis à la loi, elle présente un relèvement relatif plus fort encore), et le coût de la main-d'œuvre par tonne ne pas augmenter de 1910 à 1911. Est-ce dans l'amplitude de ces mouvements que se manifesterait cette influence ? Cette amplitude n'est pas plus grande, proportionnellement à la variation du prix, qu'en ces hausses antérieures. Est-ce dans la continuation des deux mouvements après celui du prix qu'elle serait à reconnaître (c'est-à-dire est-ce à elle qu'il est dû que la production moyenne baisse encore un peu de 1908 à 1909, et se relève seulement de peu de 1909 à 1910, au lieu de se relever nettement, et que le coût de la main-d'œuvre hausse encore, faiblement il est vrai, de 1908 à 1910, au lieu de baisser) ? Pareille continuation a aussi été observée antérieurement en des commencements de baisse de prix. Il nous semble donc qu'avant de pouvoir *valablement* conclure *ou qu'il se manifeste ou qu'il ne se manifeste pas* dans ces mouvements (en plus des correspondances ordinaires avec les mouvements du prix) une influence différentielle de la législation intervenue, il faut attendre une prolongation de l'expérience qui permette une comparaison plus étendue (par exemple sur l'ensemble d'un cycle).

C. Dépenses relatives aux ouvriers, autres que le salaire.

Après le coût de la main-d'œuvre correspondant aux salaires proprement dits, qui vient d'être étudié, nous devons considérer maintenant, dans leur relation au prix, *les dépenses autres que le salaire relatives encore aux ouvriers* : accessoires du salaire, frais des institutions dites patronales, assurances, retraites. De ces dépenses nous ne possédons pas un décompte à la fois global et précis, analogue à celui dont nous avons pu disposer pour le salaire proprement dit. Et cependant nous savons qu'elles sont loin d'être négligeables, notamment dans la période de notre étude ; nous pouvons en effet, de quelques indications privées, tirer au moins une idée de l'ordre de grandeur où elles peuvent se tenir : les « charges sociales », pour les compagnies houillères du Nord, en 1909 ou 1910, se seraient élevées à 1 fr. par tonne, et les « dépenses occasionnées par la législation sociale et les avantages consentis aux ouvriers » pour les mines d'Aniche en 1910 ou 1911, à 0,83 fr. par tonne (23) : ce qui pour un prix de 14 ou 14 fr. 50, représenterait de 6 à 7 p. 100 de ce prix ; nous ne saurions toutefois donner à ce résultat valeur de fait, et surtout de fait général, sans avoir, sur les éléments et le mode du calcul et leur généralisation possible, des renseignements qui nous font défaut. Mais, au demeurant, ce qui nous importe ici est moins de posséder le montant même de ces dépenses que de reconnaître s'il a pu contribuer aux variations observées dans notre prix de vente ; et, pour cela, s'il a varié dans la période considérée et en quelle mesure, et si ces variations correspondent à celles du prix : or, là-dessus, nous pouvons, de diverses sources et sur les plus importantes de ces dépenses, arriver au moins à des présomptions suffisantes.

Pour les *prestations en nature* (charbon de chauffage attribué aux ouvriers), nous n'avons pas d'indication qu'elles aient notablement varié, en un sens ou en l'autre, dans l'ensemble, au cours de la période.—La prestation, par les compagnies, de *logements* ou de *maisons* à bon compte, ou autres facilités ou avantages constitués pour l'habitation, pour la vie familiale ou sociale, pour l'élève des enfants des mineurs, paraissent bien s'être développés en cette période, au moins sur certains points : il ne semble pas cependant que l'annuité représentative de la part assumée (de façon définitive) par les exploitants dans les dépenses correspondant à ces institutions, soit, sur l'ensemble, et par tonne produite, d'un taux très considérable, ni, en tout cas, que ce taux ait eu des fluctuations en hausse et baisse comparables à celles du prix.

Les caisses de secours et de maladie, instituées obligatoirement par la loi du 29 juin 1894, mettent un versement à la charge de l'exploitant : mais avant cette date un certain nombre d'exploitants pratiquaient déjà des contributions analogues ; depuis la mise en pratique de cette loi à 1910 (si, comme il est vraisemblable, nous pouvons faire, des résultats donnés par la statistique de l'industrie minérale pour l'ensemble des ouvriers et employés de toutes les mines, application séparée aux ouvriers des mines de combustibles seuls, qui forment de beaucoup la plus grande part du total), la dépense à la charge des exploitants, de ce chef, paraît avoir augmenté dans l'ensemble, et, peut-être, avoir augmenté surtout ou plus vite dans les années qui sont années de hausse (du prix, du salaire) ; mais, du minimum (1896) au maximum (1910), si nous répartissons cette dé-

---

(23) Art. de l'*Echo des Mines*, cité dans *Réforme économique*, 28 janvier 1910, pour le premier chiffre ; et rapport de la direction d'Aniche, cité dans Maury, *Valeurs françaises, depuis dix ans*, p. 60, pour le second. M. DE PEYERIMHOFF, art. cité, donne pour les « charges sociales », le chiffre de 1,25 par tonne : cela donnerait 3.50 à 9 p. 100 du prix de vente.

pense sur le nombre de tonnes moyennement produite par ouvrier en ces deux années, cette charge par tonne passe de 0,046 à 0,064, c'est-à-dire que la variation extrême de cet élément du coût de revient ne dépasse pas deux centimes : elle paraît donc de bien faible proportion relativement à celle du prix (qui, de 1896 à 1908 maximum, est de 5 fr.).

La même loi de 1894, constituant obligatoirement aussi des caisses de *retraites* pour les ouvriers mineurs, a mis à la charge de l'exploitant, pour les retraites, un versement de 2 p. 100 de salaire ; cette charge a donc varié, depuis, comme le salaire lui-même : c'est dire que, si cette addition élève en taux absolu le rapport du coût de la main-d'œuvre (ainsi accru) au prix, comme elle l'élève de la même proportion, elle ne change pas la variation de ce rapport relativement à lui-même ; or, nous avons vu que, s'abaissant en de certaines années (années de hausse du prix), ce rapport ne s'était même pas relevé, dans la dernière baisse de prix, au taux qu'il avait atteint à la précédente. — Mais cette addition ne constitue-t-elle pas du moins une surcharge par rapport aux années antérieures à 1894 ? *a*) Un certain nombre d'exploitants avaient déjà antérieurement établi des retraites qui représentaient une dépense analogue ; et *b*) en tout cas, cette surcharge est une surcharge constante qui, ne rendant pas compte, on vient de le voir, des variations en hausse et en baisse du prix, pourrait seulement être invoquée comme une raison pour expliquer que le niveau moyen (hausses et baisses comprises) du prix se soit élevé entre le début de notre période et la suite. — Il en serait de même des autres dépenses pour les retraites qu'en dehors ou en plus des précédentes (24), un certain nombre d'exploitants ont assumées.

Il en serait de même, peut-on dire, pour les autres éléments de charges dites « sociales » (loi sur les accidents du travail, 1898, instituant indemnités et rentes à la charge de l'exploitant ; mesures de sécurité, d'hygiène etc.), et même, de façon générale, pour l'ensemble de cette catégorie de charges. Il n'est pas niable que ces charges aient augmenté, et spécialement au cours de la période que nous considérons ; mais : *a*) même si nous pouvons trouver, pour une part, dans cet élément des frais de production, des variations cycliques en hausse et baisse, ces variations sont d'une importance très faible par rapport à celles du prix, et ne sauraient donc contribuer de façon notable à en rendre compte ; *b*) elles constituent plutôt, à partir d'une certaine date, des surcharges constantes dont il nous reste seulement à nous demander si elles ont entraîné effectivement une élévation du coût de revient moyen et si elles peuvent ainsi expliquer ou contribuer

---

(24) Cf. notamment plusieurs des conventions d'Arras plus haut citées.

à expliquer l'élévation récente du niveau moyen du prix à travers les variations cycliques : pour cela, à défaut de données directes, nous pouvons essayer d'apercevoir si la marge entre le prix de vente et le coût de revient paraît s'être moyennement (à travers ces variations cycliques) relevé, ou non, de leur fait.

D. Autres éléments du coût de revient.

Auparavant, nous avons à considérer encore ceux des autres éléments du coût de revient que nous pouvons atteindre séparément.

Les *impôts*, jusque vers la fin de la période que nous considérons, sont restés établis sur les bases et aux taux qu'avaient fixés la loi organique de mines de 1810 : redevance fixe, d'après la superficie de la concession ; redevance proportionnelle, pour cent du revenu net imposable, déterminé par les commissions des redevances. La loi des finances du 8 avril 1910 y a substitué un système d'établissement plus complexe, et des taux plus élevés : mais il est trop tôt pour en reconnaître l'influence possible sur les prix. Et des hausses et baisses antérieures, l'impôt, puisqu'il dépend lui-même pour sa part la plus importante, des résultats financiers de l'exploitation, n'a pu être facteur déterminant (25).

A côté de la main-d'œuvre, la machine, employée, on le sait, dans nos exploitations minières, pour une part considérable des opérations sinon d'abatage proprement dit, du moins de transport, manutention et préparations diverses, est un élément dont le coût (amortissement des installations, entretien, alimentation) est assurément un facteur notable du coût de revient : mais nous n'avons pas de donnée directe sur ce coût, et même, depuis 1902, la statistique minérale ne fournit plus les données au moyen desquelles nous avions calculé jusque là un indice du machinisme (rapport de la puissance en chevaux vapeur des machines au nombre des ouvriers) pour l'ensemble et par bassins (26). Cet indice nous avait paru varier en corespondance avec la variation du prix, mais inverse : c'est-à-dire que le machi-

---

(25) D'après l'*Echo des mines*, cité par la *Réforme économique* (9 mai 1913, p. 587-588), les charges fiscales seraient actuellement beaucoup plus lourdes en France que dans les autres pays. Pour la France, il les décompte ainsi :
    Taxe fixe de 0 50 fr. par hectare et par an ;
    Taxe proportionnelle de 6 p. 100 sur le produit net (dont 5 p. 100 pour l'Etat et 1 p. 100 pour les communes) ;
    Centimes additionnels revenant à 0,65 fr. par hectare et par an pour la redevance fixe et à 7,25 % du produit net pour la redevance proportionnelle.

(26) Cf. *Salaire des ouvriers des mines*, tabl. A, col. 24, et tabl. B, col. 13, 25, 37, et texte ch. IV, sect. viii.

nisme augmentait, relativement, dans les périodes de baisse de prix, et n'augmentait pas ou même reculait, relativement, aux moments des hausses du prix. Et de la discussion interprétative de cette corrélation frappante, il est ressorti que la direction augmentait le machinisme lorsque, par la baisse du prix, d'une part, et la résistance du salaire à la baisse, d'autre part, elle est contrainte à y chercher un moyen d'assurer plus économiquement tout ou partie d'opérations antérieurement effectuées par la main-d'œuvre ; dans les phases de hausse, au contraire, l'augmentation de la production était cherchée avant tout par un accroissement de la main-d'œuvre. Cette corrélation et ces pratiques ont-elles continué dans les années dernières où nous n'avons plus notre indice global du machinisme ? Nous trouvons bien, en coïncidence avec la dernière hausse, des symptômes de la pratique qui vient d'être indiquée pour les phases de hausses antérieures : accroissement du nombre des ouvriers relativement plus rapide que celui de la production, hausse de la proportion des ouvriers jeunes et enfants, etc. (27). Mais il est possible, d'autre part, que divers facteurs (limitation plus stricte de la durée du travail ouvrier, difficultés rencontrées à une augmentation rapide et non préparée du recrutement d'une main-d'œuvre nouvelle, etc.) aient exercé dès cette phase une pression vers le perfectionnement technique qui auparavant n'avait été exercée que par des facteurs des phases de baisse. Quoi qu'il en soit, s'il est vrai que le développement du machinisme ait pour caractère essentiel, dans tout ce que nous en avons reconnu, de servir à remplacer une opération manuelle par une autre plus économique, nous pouvons présumer ici que, s'il s'est produit, il n'a pas élevé le coût de revient, mais, au contraire, tendu à l'abaisser ; et ce n'est donc pas de ce chef, non plus, que nous trouverons une raison à l'élévation du prix.

Du *coût des capitaux* et de l'amortissement des dépenses de premier établissement, si considérables dans cette industrie, nous ne traiterons pas séparément, parce que les compagnies minières françaises ont longtemps opéré ces dépenses sur leurs réserves ou leurs bénéfices antérieurs, sans faire appel au crédit extérieur, et depuis quelque temps seulement se mettent à pratiquer des émissions d'obligations (28) ; il serait donc difficile de suivre, sur des données objectives assez larges, le mouvement de ces frais

---

(27) Remarquons que cette augmentation d'embauche d'ouvriers nouveaux et d'ouvriers jeunes, est une raison de diminution du rendement moyen, en dehors d'une réduction de l'effort ouvrier, et spécialement d'une diminution du rendement des ouvriers à l'abatage proprement dits.

(28) Cf. MAURY, *Valeurs françaises depuis dix ans,* p. 79 ; DE PEYERIMHOFF, *op. cit.,* p. 174 sq., 176 ; RIST, *Hausse du taux de l'intérêt,* Revue économique internationale, mars 1913, III.

séparément et nous en retrouverons l'examen avec celui des bénéfices.

E. Total des éléments du coût autres que le salaire.

Il nous reste à considérer d'ensemble le total de tous ces éléments du coût de revient autres que la dépense en salaire, dont nous venons de passer en revue ceux qu'il a été possible et paru intéressant de considérer à part ; cette considération globale est nécessaire, non seulement pour tenir compte de ceux de ces frais, bien que moins importants, que nous n'avons pas atteints isolément, mais encore pour reconnaître, — résultat que l'étude séparée, on l'a vu, n'a pu déterminer et qui est cependant d'intérêt premier pour notre présent problème, — si, par tels ou tels mouvements de ceux que nous avons atteints, le coût de revient total s'est ou non, en fait, trouvé finalement modifié.

A défaut de données directes, nous allons essayer de saisir ce total indirectement, par différence, et sur les mêmes ensembles auxquels s'étendent les données de prix de vente et de coût de la main-d'œuvre étudiées plus haut. La statistique de l'industrie minérale, en effet, jusque pour l'année 1902, et, de façon plus sommaire, le Bulletin de l'office du travail, jusque pour 1908, nous ont, en publiant les résultats servant à l'établissement de la redevance proportionnelle, fourni des éléments d'où l'on peut tirer une donnée représentative, sous de certaines réserves, d'un bénéfice global pour l'ensemble de l'industrie houillère (du pays, ou d'un bassin) : en calculant ce bénéfice par tonne et retranchant du prix de vente la somme de ce bénéfice et du coût de la main-d'œuvre par tonne, connu d'autre part, nous obtenons, on le voit, par différence, *un total de tous les autres éléments du prix*, dont nous pouvons étudier la variation (29) ; il nous restera ensuite à l'interpréter.

Ce total des autres éléments nous présente, d'abord, des variations très nettes en hausse et en baisse, correspondantes à celles du prix, mais en retard sur celles du prix ; et, très nettement aussi, il hausse relativement moins que le prix, au moins aux deux premières hausses comprises dans notre étude et surtout à leur début : le rapport de ce total au prix s'abaisse de 37,4 à

(29). Toutefois, comme, en raison de cette origine indirecte, et des réserves qu'on verra plus loin sur le sens du bénéfice fiscal, les chiffres absolus de ce total n'ont pas grand intérêt et pourraient prêter à fausse interprétation, nous n'avons donné dans le tabl. B que le pourcentage de ce total au prix de la tonne (col. 14) : les mouvements relatifs de ce total par rapport à lui-même, dans la mesure où ils peuvent nous intéresser, s'en laissent aisément apercevoir, étant connue d'autre part la variation du prix.

34,7 et 36,6 % de 1889 à 1891, de 40,9 à 36,5 % de 1897 à 1900 ; et il baisse après et relativement moins que le prix : le rapport de ce total au prix remonte, en effet, de 36,6 jusqu'à 40,9 % de 1891 à 1897, et de 36,5 à 42,4 % dès 1902, et à 42 et 41,7 % en 1904 et 1905. De la similitude de ces variations cycliques apparait une dépendance entre le prix et ce total des éléments autres (que le coût de la main-d'œuvre et le bénéfice) : mais en quel sens s'établit cette dépendance ? Le retard et l'amplitude relative moins grande des mouvements de ce total nous conduisent, — en appliquant ici les mêmes raisonnements qui nous ont servi plus haut à décider du sens de la dépendance entre le prix et le coût de la main-d'œuvre —, à conclure ici encore que *c'est la variation du prix qui mène le mouvement : ce n'est pas une hausse du total des éléments du coût de revient autres que le coût de la main-d'œuvre,* — pour autant que nous les atteignons dans le total par différence qui vient d'être étudié —, *qui entraîne la hausse du prix et peut en rendre compte, ni une baisse de ces éléments qui produit la baisse du prix ;* c'est le coût total de ces éléments qui varie en hausse et en baisse, se détendant ou se resserrant tour à tour, à raison des variations du prix. Mais, ici non plus, ce n'est pas à dire que cette correspondance s'établisse automatiquement et sans peine : aux phases de hausse, le décalage et la non proportionnalité de l'élévation de ces éléments dénotent qu'elle ne se produit pas spontanément, ni sans être limitée à un taux qui laisse encore le surplus, c'est-à-dire le bénéfice plus élevé qu'avant, en montant et en quotité ; et aux phases de baisse le relèvement de la quotité de ce total et le retard du mouvement sont indices d'une résistance ou d'une difficulté à une compression de ce total, ou de tels éléments, qui soit proportionnelle à la baisse du prix.

D'autre part, à côté de ces mouvements cycliques, il semble que ce total, tel que nous l'atteignons par différence, manifeste un mouvement soutenu de hausse dans la période que nous étudions, et cela non seulement en valeur absolue (le prix en fait autant, on l'a vu), mais relativement au prix (la moyenne de son rapport au prix pour le cycle 1889-1897, ressort à 38, 3 p. 100, pour le cycle 1898-1905 à 40, 1 p. 100) ; et enfin, nous l'avons remarqué, à la dernière hausse de prix, il apparaît n'ayant pas, comme aux précédentes, haussé relativement moins que le prix (son rapport au prix se maintient au niveau des années de bas prix qui précèdent et même s'élève un peu sur elles 42, 5 p. 100). Est-ce l'indice que ces divers éléments pour lesquels nous avons plus haut trouvé une raison d'élévation de caractère permanent à partir de tel ou tel moment de notre période, et notamment dans ces dernières années, ont effectivement entraîné, pour le coût total de revient, un relèvement de caractère durable, indépendant des fluctuations cycliques ? Avant d'en décider, nous devons étudier de plus près la donnée qui nous a permis d'obtenir par différence ce total des éléments autres où se manifeste ce relèvement.

F. La part du bénéfice. Le coût total de revient et le prix.

Nous avons obtenu ce bénéfice moyen par tonne, rappelons-le, en partant des données officiellement déterminées pour l'établissement de la redevance : réunissant en un seul ensemble, par hypothèse, toutes les exploitations, nous avons retranché du total du revenu net imposable des mines en gain le total du déficit admis pour les mines en perte, et considéré la différence comme représentant le bénéfice global pour l'ensemble des exploitations (puis, obtenu le bénéfice par tonne en divisant cette différence totale par la production totale de toutes les mines, en gain et en perte) (30). Tout le sens de cette notion dépend, donc, on le voit, du mode d'établissement du revenu net imposable (ou corrélativement, du déficit admis). Or, sans que nous entrions ici dans le détail des règles et des pratiques suivies pour cet établissement, rappelons seulement qu'il s'en faut que ce revenu imposable soit équivalent au bénéfice commercial, obtenu suivant les règles et usages d'établissement d'un compte de profits et pertes et d'un bilan : il s'en faut par excès à certains égards ; mais il s'en faut surtout par défaut, pour plusieurs postes des plus importants dans notre industrie, notamment pour le poste des frais de premier établissement. Par cette remarque, et justement parce que nous savons, de divers côtés, que dans la dernière décade et dans les dernières années (31), les travaux de premier établissement (recherches, fonçage de nouveaux puits, équipement de nouvelles installations, etc.) ont été, dans nos mines, très considérables, nous sommes portés à penser que, pour la dernière décade, et spécialement même pour les années de la dernière hausse, le bénéfice par tonne ainsi cal-

---

(30) On trouvera dans DE PEYERIMHOFF, *op. cit.*, p. 155, des chiffres de bénéfice moyen par tonne plus forts que ceux que nous donnons ; c'est que, semble-t-il bien, ce bénéfice est le quotient du revenu net des mines en gain par la production totale de toutes les houillères ; mais ou bien il faudrait diviser ce revenu des mines en gain par la production des mines en gain seules, ou bien il est correct de retrancher, de ce revenu des mines en gain, comme nous l'avons fait, le déficit admis pour les mines en perte, avant de diviser par la production totale de celles-ci et de celles-là. — Notons encore que ce même auteur indique (et par deux fois, p. 155, p. 172), ce bénéfice admis comme tiré de la statistique de l'industrie minérale jusqu'en 1908, alors que cette statistique a cessé de publier toutes données sur les redevances depuis 1902, ou que les chiffres utilisés de 1903 à 1908 sont tirés du Bulletin de l'Office du Travail (en dernier lieu Bulletin de 1912, p. 567), lequel, du reste, déclare les avoir reçus de la Direction des mines ; mais ils se présentent ici avec moins de détail que précédemment dans la statistique minérale

(31) Cf. DE PEYERIMHOFF, RIST, *op. cit.*

culé et que, pour éviter toute confusion, nous appellerons *bénéfice fiscal*, peut bien n'être pas, avec le bénéfice commercial ou économique véritable, dans la même relation que dans la décade antérieure par exemple, ou que, davantage encore, dans les années plus éloignées.

Nous avons donc cherché à atteindre la variation de bénéfice effectif par une autre voie. Utilisons un groupement de données élaboré récemment par un économiste qualifié et pour une autre recherche (32), ce qui exclut la possibilité d'une partialité de choix, consciente ou inconsciente, liée à la présente étude. Prenons le total qu'il a donné, année par année, des dividendes de dix houillères de divers bassins, assez bien choisies selon l'importance de ces bassins, et offrant bien les principaux types d'établissement, de conditions et de conduite (col. 15, tabl. B) ; calculons l'indice de la variation de ce total (par rapport, comme pour nos autres indices, au chiffre de 1892 = 100, col. 16, *id.*) ; et admettons que cette variation représente la variation de la totalité des bénéfices de l'ensemble des houillères françaises ; en divisant donc cet indice par l'indice de la production totale française, nous obtenons un indice, sur cette base, du bénéfice, par unité produite, pour l'ensemble des mines de France (col. 17, tabl. B). Comparons le mouvement de ce bénéfice par unité produite, ainsi obtenu, au mouvement de notre bénéfice fiscal par tonne : les caractères de la variation, alternative de hausses et baisses très fortes, sens et dates de chacun de ces mouvements, se correspondent remarquablement ; une seule différence notable : c'est que le bénéfice fiscal, dans la dernière décade, fait la baisse que nous avons vue, et se maintient, à la hausse de 1905-1908, beaucoup plus bas qu'il n'était monté aux hausses antérieures ; au contraire, notre bénéfice commercial par unité produite, ainsi obtenu, baisse bien un peu, après la grande hausse de 1900, jusqu'en 1905, mais en repart pour une hausse plus forte jusqu'en 1907, et dans toute la décade se maintient au-dessus non seulement de son niveau à la baisse de prix antérieure, mais même du maximum de la hausse 1890.

Admettons même que pour l'ensemble des mines la variation des bénéfices soit moins forte que la variation des dividendes de nos dix houillères (notons encore pourtant que, suivant une politique connue des compagnies françaises, les dividendes des années prospères sont plutôt inférieurs aux bénéfices effectifs, par suite de la pratique des réserves, faites en vue des années de resserrement) : il est difficile, — avec toutes les indications qui, de divers côtés et de diverses sources (33) plus ou moins indirecte-

---

(32) Cf. RIST, art. cité de la *Rev. économique internationale*, mars 1913, p. 12 (du tirage à part).

(33) Cf. outre les ouvrages et articles déjà cités de MAURY, DE PEYERIMHOFF, RIST, de nombreux articles de journaux financiers, par exemple, l'*Information* des 22, 24, 25 et 26-27 janvier 1913.

ment, confirment l'élévation des résultats obtenus par nos houillères en ces dernières années —, de penser que cette différence peut aller jusqu'à faire que ce bénéfice moyen effectif soit plus proche du bénéfice fiscal obtenu comme il a été dit que de notre second indice du bénéfice. — Observons encore que, si, comme il ressort, à l'évidence, des chiffres et de la représentation graphique, la variation du bénéfice fiscal et celle de ce second indice sont jusqu'en 1900 exactement pareilles de sens, de date, d'amplitude, en des mouvements cependant très caractérisés, la divergence qui se manifeste entre les deux dans la dernière décade, et surtout à la dernière) hausse de prix, ne peut tenir qu'à des facteurs spéciaux à cette dernière décade. Or, si ces facteurs spéciaux étaient les causes nouvelles d'élévation du coût de revient, nouvelles et de caractère constant, que nous avons rencontrées (législation, institutions sociales, impôts, etc.), ces causes, étant, de nature, générales et obligatoires, ont pesé sur les exploitations dont les dividendes ont été considérés, autant que sur l'ensemble des mines ; si elles n'ont pas empêché ces dividendes de montrer le mouvement que nous avons dit et d'atteindre, même à la baisse de prix, un niveau qu'ils n'avaient pas atteint en des hausses antérieures, il est peu probable qu'elles aient pu agir sur les autres jusqu'à en réduire les bénéfices au taux du bénéfice fiscal indiqué. Il est plus probable, de beaucoup, que la baisse de cette dernière donnée tient à des raisons qui, en cette décade plus qu'en la précédente, la font différer davantage (même relativement à elle-même) du bénéfice commercial véritable.

Il nous paraît donc fondé de conclure, comme étant de beaucoup le plus probable, que, *dans la dernière décade* et notamment *à la dernière hausse, la marge entre le coût total de revient et le prix a augmenté non seulement en valeur absolue, à raison de l'élévation des prix, mais même en valeur relative, c'est-à-dire plus que proportionnellement au prix* ; elle s'est, aux années de baisse, maintenue au moins aussi forte et peut-être plus forte qu'aux baisses antérieures, et s'est, aux années de hausse, élevée autant et plus, sans doute, qu'aux hausses antérieures. Si des éléments de hausse du coût de revient sont intervenus en ces dernières années, il semble ainsi qu'ils ont dû être compensés par des diminutions au moins proportionnelles par ailleurs.

En résumé, *ni du chef du coût de la main-d'œuvre, ni du chef des autres éléments du coût de revient* que nous atteignons à part ou globalement, et *ni pour les mouvements cycliques, de hausse et de baisse, ni pour l'élévation moyenne observée à travers notre période, la variation du prix ne nous paraît résulter d'une variation du coût de revient ou de ses éléments : c'est, au contraire, la variation de ce coût ou de ses éléments qui dépend de la variation du prix* ; une fois produite, cette variation, surtout pour certains éléments du coût, entraîne des résistances, notamment en baisse de prix, et produit des modifications entre les parts du coût de revient ; mais ce sont les variations du prix qui mènent tout ce jeu.

V. Le prix et le marché.

Si les variations du prix que nous venons d'étudier, prix sur les lieux de production, ne s'expliquent pas par des variations des éléments internes du prix, c'est-à-dire du côté de la production, d'où proviennent-elles donc ? C'est évidemment de l'autre côté, c'est-à-dire du côté de la vente et du marché que nous sommes conduit à le chercher. — Et ici il est clair que nous n'avons plus à considérer seulement le prix sur les lieux de production : il nous est indiqué, par le problème même, de prendre aussi dans notre étude ces autres prix dont nous disposons, prix moyen sur les lieux de consommation de la *statistique de l'industrie minérale*, col. 4 et 5 du tabl. A) et aussi prix moyen à l'importation (du *Tableau du Commerce*, col. 6 et 7 du tabl. A).

A. Les quantités, offerte et demandée.

Production (nationale) et consommation, importation, stock.

Sur le marché, chercherons-nous d'abord du côté des quantités en présence, offerte et demandée, ou du rapport de ces quantités, et des variations de ce rapport ? Comment pouvons-nous atteindre ce rapport ou les variations de ce rapport ? Et ces variations présentent-elles des correspondances avec les variations du prix ?

Dans tout le temps de notre étude (comme, du reste, précédemment dans tout le siècle), la production nationale française de charbon a toujours été inférieure à la consommation française, et par conséquent l'offre française a été constamment inférieure à la demande française. Mais elle n'y a pas été toujours exactement dans le même rapport. D'autre part, le charbon français s'exporte aussi, dans une faible proportion il est vrai, mais variable, et ces variations peuvent être significatives. En même temps que le total de la production nationale, la statistique minérale nous donne un total de la consommation, obtenue par addition de l'importation moins l'exportation, et par addition ou soustraction, suivant le cas, de la variation du stock (34).

---

(34) En dehors de la statistique minérale, on trouvera ces données notamment dans l'*Annuaire statistique de la France*, p. ex. éd. 1911, p. 105*.

Si ces diverses données prises à un moment du temps et en elles-mêmes ne nous expriment évidemment qu'une identité (des quantités livrées aux quantités entrées à la consommation), en revanche l'étude des variations de ces données entre les années et à travers les phases diverses, et en comparaison des unes avec les autres, peut nous indiquer les tendances du marché, les mouvements du rapport de l'offre (nationale notamment) à la demande.

Consommation et production présentent des mouvements cycliques manifestes, hausses suivies d'arrêts, ou même de baisses, mais beaucoup moins fortes que les hausses (ce qui entraîne un mouvement d'ensemble en hausse). Mais comment se précisent ces relations à chacun de ces cycles, et les mouvements y correspondant dans les prix ?

Cycle I. La consommation hausse à partir de 1886 jusqu'en 1890, la production depuis 1885 jusqu'à la même date, mais de 1885 à 1888 et à nouveau entre 1889 et 1890 proportionnellement un peu plus (c'est-à-dire que l'importation perd relativement un peu de terrain en ces années) ; le stock augmente en 1886 et 1887, puis diminue en 1888 et 1889, et augmente à nouveau un peu en 1890. De nos trois prix, le prix à l'importation cesse de baisser et hausse de 1887 à 1889 et 1890, le prix sur les lieux de consommation de 1888 à 1890, le prix sur les lieux de production de 1889 à 1891.

II. Etat stationnaire de la consommation et également de la production de 1890 à 1893, et pareillement du rapport de celle-ci à la première. Puis hausse de l'une et de l'autre à partir de 1893 jusqu'en 1900, un peu plus forte proportionnellement pour la production jusqu'en 1898, un peu moins forte de 1898 à 1900 (c'est-à-dire baisse légère de 1893 à 1898 et hausse de 1898 à 1900 de la part relative de l'importation). Stock en augmentation en 1891 et 1892, diminution en 1893, augmentation en 1894, en diminution continue, enfin, de 1895 à 1900 inclus. — Les prix, on l'a vu, baissent, le prix à l'importation de 1890 à 1895, le prix sur les lieux de consommation de 1890 à 1897, le prix sur les lieux de production de 1891 à 1897, et haussent ensuite respectivement à partir de ces secondes dates jusqu'en 1900 pour les deux premiers, 1901 pour le troisième.

III. Baisse de la consommation de 1900 à 1902, et aussi de la production, relativement plus forte (mais à noter : en 1902, grandes grèves) ; stock en augmentation en 1901, diminution en 1902. Puis hausse de la consommation de 1902 à 1911, avec deux arrêts ou légers reculs, toutefois, en 1903-1904 et 1907-1908 ; hausse de la production également, mais avec reculs en 1903-1904 et 1905-1906 : la proportion de la production haussant de 1903 à 1905, baissant entre 1905 et 1906 et ne rehaussent que faiblement de 1906 à 1908 ; stocks en augmentation en 1903 et 1904, en diminution de 1905 à 1907, en augmentation en 1908 et 1909. — Nos trois prix baissent de 1900 pour les deux premiers et 1901 pour le troisième, à 1904 pour le premier et 1905 pour les deux autres, haussent de 1905 à 1907 pour les deux premiers, et 1908 pour le troisième ; puis, le premier oscille en baisse 1907-1908, 1909-1910, en hausse 1908-1909, 1910-1911 ; le troisième baisse de 1908 à 1910, repart en hausse de 1910 à 1911.

On le voit, ces variations sont complexes à rapprocher, et, du premier abord, ne se correspondent pas en des rapports simples. Ce qui en ressort de plus net, ce sont, nous apparaît-il, les relations suivantes. 1° Il ne suffit pas que la consommation soit en hausse, c'est-à-dire que vraisemblablement la demande augmente, pour que les prix haussent (ex. : de 1886 à 1888 et 1889, de 1893 à 1897, de 1902 à 1905). 2° Il ne suffit pas que la consommation cesse de hausser ou même baisse, c'est-à-dire que vraisemblablement la demande soit stationnaire ou en diminution, pour que nos prix ou du moins le troisième s'arrêtent aussitôt de monter. 3° En gros et schématiquement la phase de hausse paraît comprendre deux temps : a) un temps où la production indigène hausse relativement un peu plus que la consommation et où le stock, de plus, augmente : pendant ce premier temps, les prix continuent, ou au plus s'arrêtent seulement, de baisser ; b) un temps où la production indigène hausse relativement moins (ou au plus autant) que la consommation, et où le stock, de plus, baisse : en ce second temps, et en ce second temps seul, nos prix haussent, successivement.

Si nous admettons que l'élévation de rapport de la production nationale à la consommation et l'augmentation des stocks signifient élévation du rapport de l'offre à la demande (ou accroissement de l'offre plus rapide que celui de la demande), et inversement, nous apercevons une explication : les prix ne hausseraient pas, non seulement en demande stationnaire ou baissant, mais même en hausse de la demande tant que et parce que l'offre se trouverait hausser relativement plus ; ils hausseraient seulement lorsque et parce que, la demande étant en hausse, l'offre, même haussant, se trouverait hausser relativement moins. Pouvons-nous ici nous en contenter ? — 1° La correspondance qui nous y a conduit n'est que schématique : sans entrer dans tout le détail des coïncidences imparfaites (et écarté le cas des années de grandes grèves 1893, 1902, 1906, par exemple), notons seulement, pour exemple : que dans le second cycle, c'est-à-dire dans une de nos expériences sur trois, le rapport de la production nationale à la consommation continue de hausser jusqu'en 1898, c'est-à-dire une et trois années, respectivement, après que nos prix partent en hausse ; que le stock baisse dès 1895 et 1896, alors que les prix intérieurs ne haussent qu'à partir de 1897, etc. — 2° Supposé même que les

correspondances fussent parfaites, cette explication demanderait, pour signifier quelque chose, à être elle-même expliquée :
car elle nous laisse nous demander, ce qui est essentiel, pourquoi, dans une phase de hausse de la consommation, la production nationale d'abord hausse relativement plus, et ensuite,
à partir d'un certain moment, et sans que le taux de hausse de
la consommation soit nettement accru, se met à hausser relativement moins. — 3° Et enfin elle ne nous dit rien et ne tire
rien des différences que, on a pu le remarquer, présentent, dans
leur correspondance évidente, les mouvements de nos trois prix
distincts : est-ce donc là fait négligeable ? Au contraire c'est à
lui que nous allons maintenant nous adresser.

B. Les divers prix,

sur les lieux de production, sur les lieux de consommation,
à l'importation.

En effet, puisque l'étude des quantités et des relations entre
les quantités, offerte et demandée, ne nous amène pas à un résultat satisfaisant, cherchons donc dans l'ordre même des valeurs, dans les relations entre les prix que nous pouvons rapprocher, prix sur les lieux de production, prix sur les lieux de
consommation, prix à l'importation. — D'ensemble les variations présentent les mêmes caractères et une correspondance
manifeste : mais il faut regarder avec précision à la date et à
l'amplitude des mouvements. En deux des hausses sur trois,
embrassées dans notre période, le prix à l'importation part en
hausse plus tôt (à partir de 1887, et 1895) que le prix sur les
lieux de production (en hausse à partir de 1889, et 1897) ; et
aux trois il cesse de hausser et même rebaisse (après 1899-1890,
1900, 1907) alors que ce dernier hausse encore (jusqu'en 1891,
1901, 1908). Le prix moyen sur les lieux de consommation, en
deux hausses sur trois, part en hausse (de 1888, 1897) plus tard
que ce prix à l'importation, mais en l'une (1888) encore avant
le prix sur les lieux de production ; aux trois, il s'arrête de
hausser en même temps que le prix à l'importation (1890, 1900,
1907) et, par conséquent, alors que le prix sur les lieux de production hausse encore ; mais il ne baisse pas aussi tôt ou baisse
d'abord moins que ce prix à l'importation. Il résulte de cette
combinaison de mouvements, que le rapport du prix sur les
lieux de production au prix sur les lieux de consommation, ou,
respectivement, au prix à l'importation, s'abaisse d'abord en
chacune des hausses, sauf la troisième, et remonte brusquement
dès que commencent les baisses de ces derniers : ou autrement
dit, la marge entre le prix sur les lieux de production, d'une
part, et le prix sur les lieux de consommation ou respectivement
le prix à l'importation, d'autre part, deux fois sur trois, aug-

mente, d'abord, dans les hausses de ces prix, et se resserre au contraire aussitôt que ceux-ci se mettent à baisser, et reste plus étroite pendant les années de baisse commune. — Cet ensemble des relations se retrouve dans une expérience plus étendue dans le passé, avec une netteté plusieurs fois renouvelée (35).

Ces constatations nous permettent de dire que, si la dépendance des trois mouvements est manifeste, le sens de la dépendance n'est également pas douteux : *ce n'est pas le prix sur les lieux de production qui entraine le mouvement des deux autres* ; car comment expliquer, en cette hypothèse, que ces derniers haussent, deux fois sur trois, avant le premier, et, toutes les fois, cessent de hausser alors que le premier hausse encore ? Et comment expliquer que, soit en hausse, soit en baisse, leurs variations soient, dè l'abord, plus fortes relativement que celles du premier, dont elles procèderaient ? A coup sûr, au contraire, s'il est vrai qu'il y ait dépendance entre eux, *c'est le prix sur les lieux de production qui dépend de ces deux autres prix ; et de ces deux, plus précisément même, c'est le prix à l'importation qui parait bien mener le mouvement ;* il entraîne le prix sur les lieux de consommation ; puis tous les deux sont suivis par le prix sur les lieux de production. Mais qu'est-ce à dire ? Est-ce que, par là, il nous apparaît que cette liaison soit automatique et directe, et, à elle seule, une explication ?

C. Discussion et Interprétation.

La différence d'amplitude des mouvements, les retards du prix sur les lieux de production, notamment à la baisse, suffisent à dénoncer en ces relations l'effet d'un jeu de facteurs, plus complexes, en réalité, à reconnaître et analyser que ne se l'imaginent des interprétations hâtives, même traditionnelles. Ayant tenté ou esquissé cette analyse ailleurs en détail (36), nous ne la reprendrons pas ici avec le développement qu'elle demanderait, car elle dépasserait les dimensions et le cadre de la présente étude. Nous en noterons seulement l'orientation générale.

On se contente souvent, pour rendre compte de ces relations, de constater que la France est pays relativement modeste producteur de charbon, et, en tout cas, ne produit pas lui-même, à aucun moment du siècle, assez pour sa propre consommation. Par la condition physique et la situation géographique des bassins houillers français, et par les conditions et les situations de divers bassins étrangers, il se trouve, répète-t-on, que, dans une

---

(35) Cf. *Essai sur le prix du charbon*, p. 33-45.
(36) Cf. *Essai* cité, sect. vii, et *Salaire des ouvriers des mines*, p. 422-427, 433-440.

bonne part de la France, telles ou telles houilles étrangères, produites à des coûts plus économiques, et pouvant arriver par la voie d'eau, plus économique aussi, viennent s'offrir à moindre prix, malgré le droit de douane (37), que ne le peuvent aucunes des houilles françaises ; et que, dans des rayons considérables encore, ces houilles étrangères arrivent à concurrencer des houilles françaises. On explique par là que la production française, malgré qu'elle augmente, reste toujours au-dessous de la consommation. On explique encore par là que les prix des houilles françaises se règlent sur ceux des charbons étrangers, ou au moins des charbons étrangers importés, ou pouvant être importés, en déplacement ou en concurrence des nôtres. — On sait, du reste, que les houillères de notre bassin aujourd'hui de beaucoup le plus important, celles du bassin de Valenciennes (Nord et Pas-de-Calais) ont, depuis assez longtemps déjà, mis en pratique un système de prix consciemment adopté à cette situation : c'est le système dit *des zones de vente* (38), par lequel, pour les mêmes charbons, les prix sont fixés par rayons ou places à des prix moins ou plus élevés suivant que, dans ces rayons ou sur ces places, les charbons français sont ou non, ou sont plus ou moins, concurrencés par les charbons étrangers : ce système s'est renforcé dans la dernière décade par la constitution d'un « Office de statistique » (39) qui, sous ce nom modeste, fait en réalité à peu près fonction de cartell.

Sont-ce là explications suffisantes ? Remarquons d'abord que, quelles que puissent être les infériorités de nos gîtes carbonifères, il n'y a pas eu impossibilité de nature physique à ce que la production française suffise à la consommation, puisque la production d'aujourd'hui, par exemple, couvre la consommation d'il y a quinze ans et dépasse notablement la consommation d'il y a vingt ans. Il faut donc n'invoquer que des conditions géographiques ou techniques ou des conditions économiques. Or, sans que les conditions géographiques soient changées, il se trouve qu'à travers la France la distribution des combustibles en concurrence est toute différente aujourd'hui de ce qu'elle a

---

(37) Ce droit de douane, qui n'a pas été modifié ni suspendu depuis 1860, est de 1,20 fr. par tonne (et 0,10 fr. de droit de statistique). D'après DE PEYERIMHOFF, *op. cit.*, p. 152, ce droit serait fort utile, sinon indispensable à un certain nombre de nos petits bassins périphériques, d'exploitation peu avantageuse, pour qu'ils ne soient pas ruinés par l'importation étrangère.

(38) Cf. des exposés nets de ce système et des raisons en sa faveur dans plusieurs des réponses patronales à l'*Enquête parlementaire* de 1902-1903 : notamment Société de mines de Lens, t. I, p. 274-275 ; Compagnie des mines de Courrières, id., p. 235 ; Compagnie de Thivencelles, p. 194 ; Compagnie de Carvin, p. 214, etc.

(39) Cf. AFTALION, art. cit., p. 281 sq., et ROBINET, *L'office de statistique des houillières du Nord et du Pas-de-Calais*, Lille, Robler, 1910.

été en telle ou telle période du passé. Est-ce donc les conditions techniques et économiques qui sont plus décisives ? Serait-ce, par exemple, les conditions de transport, très souvent invoquées ? Il faudrait établir non pas simplement que, pour tel charbon et à tel moment, elles se trouvent telles, et, se trouvant telles, le mettent en telle situation à l'égard de ses concurrents, mais, encore qu'elles ne peuvent pas ou n'ont pas pu être autres : par exemple qu'une voie d'eau, *qui a existé* (40), est impossible, que des combinaisons et accommodations de tarifs obtenues ici ne sauraient l'être là, etc.

Enfin, même ces conditions étant et restant telles, pourquoi, lorsque les prix des charbons étrangers s'élèvent, les producteurs français n'en profitent-ils pas pour y substituer leurs charbons, en maintenant pour ceux-ci leurs prix antérieurs et pouvant, par conséquent, les amener plus loin à ce moment en concurrence utile ? En fait, nous avons bien constaté une légère augmentation de la proportion de la production française dans la consommation totale du pays en de certains moments ; mais justement cette avance se manifeste plutôt avant la hausse des prix, même extérieurs ; et, au contraire, lorsque ces prix sont les plus fortement partis en hausse, la production nationale augmente relativement moins et laisse plutôt le stock diminuer, et l'importation accroître sa part : dans la dernière décade notamment, l'avance relative de la production nationale ne se manifeste nette qu'aux années de prix en baisse, et, au contraire, aux années de hausse, la part de la production française rebaisse. — Dira-t-on qu'une augmentation de la production houillère ne s'improvise pas, surtout très considérable, en peu de temps ? Mais elle était prévisible et aurait pu être préparée. Dira-t-on que la main-d'œuvre n'est pas trouvée en accroissement aussi grand qu'il serait nécessaire pour augmenter ainsi la production ? Mais l'augmentation de la production, si elle n'est pas improvisée, ne peut-elle être, sinon tout à fait obtenue, du moins fortement aidée par d'autres moyens que la main-d'œuvre ? et d'autre part, la constitution d'une main-d'œuvre abondante n'est-elle pas affaire de longue prévoyance ? — Et au demeurant, à moins que ces raisons ne vaillent qu'aux années de hausse de prix (mais pourquoi ?), comment se fait-il qu'en dépit d'elles la production puisse, en un temps, tenir pied à l'augmentation de la consommation et même augmenter davantage, et qu'à cause d'elles, au temps suivant, alors que le taux d'accroissement de la consommation n'est pas plus fort en somme, ne le puisse plus ? — Et de même, il y aurait à chercher, au delà des

---

(40) Cf. *notre Salaire des ouvriers des mines*, p. 429 et note 1.

raisons dont on se contente couramment, une explication véritable des relations des phases de baisse qui, on l'a vu, ne sont pas simplement l'inverse des relations de la hausse.

Et pour compléter, nous noterons que les particularités de la dernière décade, — qui, nous l'avons vu, ne s'expliquent pas par des variations dans le coût de revient, — dénoncent peut-être un développement ou une forme nouvelle de telle ou telle de ces dispositions ou pratiques. Si la comparaison des deux cycles ne démontre pas contre toute objection les résultats du cartel de fait (41), plus haut indiqué, il est très notable, d'abord, que dans la dernière décade, l'adaptation du prix sur les lieux de production paraît beaucoup plus précise et rapide (hausse dès la même date que le prix à l'importation et que le prix sur les lieux de consommation) ; puis, que la hausse du prix sur les lieux de production est, relativement au prix sur les lieux de consommation, plus forte (alors qu'aux précédentes hausses elle était d'abord plus faible), en même temps que la production nationale ne gagne pas sur l'importation. Est-ce le signe d'une organisation commerciale supérieure des exploitants, et l'effet donc d'un développement (42) de tendances nouvelles ou plutôt nouvel-

---

(41) AFTALION, *art. cit.*, pour reconnaître l'action du cartel sur les prix, élimine les variations cycliques, en comparant les moyennes du prix des deux cycles avant et après le cartel, et invoque la variation plus forte d'un cycle à l'autre pour les prix du charbon du bassin en cartel, que pour l'indice général des prix, et que pour les prix du charbon dans un autre bassin français, ou des charbons étrangers sans cartel : mais, si nous faisons les mêmes comparaisons avec le cycle antérieur, nous trouvons :

Cycle économique :	1881—1891	1892—1901	Différence
Indice général des prix	114	99	— 13 %
	1884—1891	1892—1901	
Indice du prix du charbon :			
— Loire	95	103	+ 8,4%
— Nord	86	100	+ 16,3%
— Pas-de-Calais	84	94	+ 5,6%
Charbons étrangers (prix à l'importation)			+ 16,0%

Ainsi, sans qu'il y ait ici, entre les deux cycles, institution d'un cartell, nous trouvons également de l'un à l'autre : hausse du niveau moyen du prix du charbon plus forte encore que la variation du niveau général des prix, et même beaucoup plus cette fois puisque cette dernière n'est même pas hausse faible, mais baisse (et nous avons vu, en effet, que dans l'ensemble du siècle le prix du charbon a moins baissé que l'indice général des prix) ; dira-t-on que ce résultat est attribuable au système des zônes de vente, première forme du cartell ? La hausse est à la fois plus forte dans une part (Nord) et moins forte dans l'autre part (Pas-de-Calais) du bassin des zônes de vente que dans le bassin demeuré sans ce système. — On voit que la comparaison invoquée n'est pas tellement concluante, puisqu'on retrouve, pour une part, des différences analogues de cycle à cycle avant l'institution du cartell. Il semble donc prudent d'attendre une expérience plus longue pour se prononcer sûrement.

(42) Devons-nous en voir des indices dans des faits comme celui-ci par exemple : Comme effort pour utiliser mieux les produits de l'extraction

lement renforcées ou de mieux en mieux adaptées, — de même que la variation de certains éléments du coût, notamment du coût de la main-d'œuvre, en conséquence de la variation du prix, tout en présentant les mêmes corrélations essentielles qu'auparavant, nous a paru aussi prendre dans cette dernière décade une précision plus grande et dénoter ainsi une adaptation de plus en plus étroite des facteurs en jeu — ? L'expérience est trop récente et trop courte pour permettre d'en prononcer sûrement. C'est du moins, semble-t-il, une suggestion assez fondée.

On voit toutes les questions qu'on devrait discuter avant de rendre compte complètement, et jusqu'aux vraies causes, des corrélations qui nous sont apparues. Sans doute même, y aurait-il à sortir du cadre national, pour rechercher notamment si, même dans les pays gros producteurs, et produisant au delà de leur consommation propre, le mouvement des prix du charbon ne va pas aussi *du marché à la production* : ce mouvement ne pourrait donc s'expliquer là par la raison, on le voit, trop facile, de la domination des prix étrangers, et pas davantage, cependant, — non plus que dans notre cadre, — par le mouvement des éléments du coût de production. De quoi dépendrait donc le prix du marché mondial lui-même ? C'est là une recherche qui déborderait encore plus le cadre de la présente étude : nous ne pouvons que conduire la nôtre jusqu'à ce problème, et indiquer comment dans ses limites mêmes, elle y est liée.

Dans notre cadre, contentons-nous de conclure que, si les *prix du charbon français varient en conséquence des mouvement des prix du charbon étranger, ce résultat paraît*, en outre et au-dessous des conditions ordinairement présentées comme des explications, *impliquer comme facteurs essentiels, seuls propres à en rendre vraiment compte, un ensemble de pratiques et de tendances, chez les divers groupes d'hommes, exploitants, intermédiaires, clients, etc.*, intéressés dans ce processus : par exemple, lors des hausses des prix étrangers, une disposition des exploitants à chercher leur avantage, immédiat, en une élévation de leurs propres prix (43), autant et même plus qu'en une

-----

on signale l'utilisation récente « des gaz et fumées provenant de certains traitements et spécialement des fours à coke, pour produire de l'énergie électrique destinée à électrifier des régions voisines des mines ou fours à coke et même des régions plus éloignées... » Les compagnies houillères de Lens, Bruay, Béthune seraient entrées dans cette voie, en favorisant la création de filiales pour cet objet. Et ce serait un moyen, de grand avenir peut-être, d'économiser sur le transport (Lozé, *Le prix du charbon*, été 1912, *Economiste français*, 1er juin 1912, p. 842).

(43) Cf. dans *Enq. parlem.* 1902-1903, I, p. 226, cette déclaration significative d'une compagnie du Pas-de-Calais : « Nous devons subir l'influence [des cours étrangers] quand ils baissent, de même qu'il est légitime que nous profittions de l'amélioration du marché lorsqu'elle vient à se produire ». (Rép. de la compagnie de Courrières).

augmentation de leurs quantités produites et placées ; aux baisses, une résistance des exploitants à cette compression, et, au moins dans les bassins les plus serrés par elle, un effort pour maintenir, par un progrès d'organisation industrielle ou commerciale (44), le taux et la somme des profits acquis, malgré les résistances de divers éléments du coût ; dans les autres, une tendance à maintenir les prix hauts, même au risque d'une restriction croissante du cercle de vente ; partout et d'ensemble, une tendance à atténuer les mouvements aussi bien en hausse qu'en baisse, à vouloir égaliser, stabiliser, les prix et les profits entre les bonnes et mauvaises années (45). Tel est l'ordre des résultats auxquels nous pensons avoir abouti.

Jusqu'à plus ample information ces résultats ne permettent-ils pas de comprendre mieux, à la lumière de l'expérience antérieure épurée, ce qui se passe sous nos yeux ?

(Voir tableaux pages suivantes, p. 107, 108)

---

(44) La réponse déjà citée de la Société des mines de Lens sur le système des zones de vente montre bien que ce système est essentiellement organisation de défense . « Ce prix type [le prix sur le marché central] fixe, chaque fois que la concurrence étrangère se fait sentir en tel ou tel point plus ou moins éloigné, et cela a lieu à chaque resserrement des affaires à chaque période de crise industrielle, nous devons défendre notre situation acquise près de la clientèle, en consentant, sous forme de réduction de prix, des sacrifices destinés à compenser pour la destination une partie des frais de transport... » (p. 275). — Cf. aussi AFTALION, *art. cit.* sur le rôle défensif du cartel.

(45) Cf. DE PEYERIMHOFF, *op. cit.*, p. 174 et suiv., la politique de gestion des charbonnages français, bien caractérisée, opposée notamment à celle des charbonnages allemands.

TABLEAU A.

ANNÉES	Prix moyen de la tonne de charbon sur les lieux de production France (Statist. minérale)		Prix moyen de la tonne de charbon sur les lieux de consommation France (Statist. minérale)		Prix moyen de la tonne de charbon (houille crue) à l'importation France (Tabl. du commerce)		Prix courant du charbon de consommation France (Réf. économ.)		Prix moyen de la tonne de charbon sur le carreau dans les départements producteurs : (Statistique minérale)					
									Loiro		Nord		Pas-de-Calais	
	Nombres absolus	Indices	Nombres absolus	Indices	Nombres absolus	Indices	Indices a	b	Nombres absolus	Indices	Nombres absolus	Indices	Nombres absolus	Indices
1	2	3	4	5	6	7	8	9	10	11	12	13	14	15
	fr. c.		fr. c.		fr. c.				fr. c.		fr. c.		fr. c.	
1887	10,63	86	19,65	96	13,00	76	—	—	13,38	90	8,75	79	9,62	79
1888	10,31	83	19,12	94	15,00	88	—	—	13,00	88	8,52	77	9,31	76
1889	10,42	84	20,38	100	22,00	129	—	—	12,86	87	8,94	81	9,41	77
1890	11,94	96	22,54	115	22,30	131	100	100	14,12	95	10,41	94	11,84	97
1891	13,25	107	21,61	106	17,00	100	99	—	15,14	102	12,03	108	14,05	115
1892	12,40	100	20,38	100	17,00	100	83	85	14,79	100	11,09	100	12,21	100
1893	11,49	93	20,03	98	16,00	94	77	—	14,40	97	9,96	99	10,56	86
1894	11,22	91	19,73	97	16,50	97	80	—	14,33	97	9,48	85	10,41	85
1895	11,01	89	19,66	96,5	16,00	94	76	73	14,17	96	9,52	86	9,93	81
1896	10,84	87,5	19,44	95	16,50	97	74	—	13,90	94	9,60	87	9,74	80
1897	10,85	87,5	18,73	92	17,40	102	75	75	13,71	93	9,70	87	9,89	81
1898	11,22	90,5	19,46	95,5	19,20	113	88	94	14,23	96	10,21	92	10,30	84
1899	12,41	100	22,89	112	20,60	121	93	102	15,30	103	11,63	105	11,84	97
1900	14,95	121	26,57	130	27,00	159	129	151	18,05	122	14,83	134	14,51	119
1901	15,69	126,5	25,59	126	24,00	141	100	125	19,91	135	14,93	135	15,24	125
1902	14,55	117	23,72	116	20,30	119	89	108	18,11	122	13,12	118	14,39	118
1903	14,01	113	22,72	111	18,50	109	89	102	17,02	115	12,86	116	13,89	114
1904	13,30	107	21,83	107	17,00	100	—	101	15,74	107	12,18	110	13,16	108
1905	12,92	104	21,53	105,5	17,00	100	—	98	15,16	102	11,75	106	12,77	104
1906	13,70	110	23,09	113	20,50	121	—	112	15,82	107	12,91	116	13,68	112
1907	14,97	121	24,09	118	23,50	138	—	129	17,85	121	14,68	132	14,80	121
1908	15,84	128	24,03	118	21,50	126	—	121	18,89	128	15,04	136	15,89	130
1909	15,22	123	—	—	23,50	138	—	113	18,62	126	14,15	127	15,00	123
1910	15,03	121	—	—	21,50	126	—	118	17,76	120	14,63	132	14,78	121
1911	15,24	123	—	—	22,50	132	—	119	17,90	121	14,67	132	14,89	122
1912	15,51	125	—	—	—	—	—	(122)	18,19	123	15,44	139	15,38	126

(1) La statistique minérale donne pour cette année le prix de 14 fr 50 : mais par confrontation avec les données d'où cette moyenne est calculée, et. par comparaison avec les prix précédents et suivants et les prix par bassin, ce chiffre apparaît manifestement erroné, et doit être corrigé comme indiqué.

TABLEAU B[1]

ANNÉES	Prix moyen de la tonne de charbon sur les lieux de production France (Statist. minérale)		Coût moyen de la main d'œuvre par tonne France (Stat. minérale)		Salaire moyen par journée d'ouv. sans distinction France (Stat. minérale)		Production moyenne par journée d'ouv. sans distinction France (Stat. minérale)		Bénéfice fiscal moyen par tonne $\left(\dfrac{R-D}{P}\right)$ France (Stat. minérale, Bul. off. d. trav.)		Combien pour cent du prix de la tonne (France) représente			Dividendes additionnés de dix houillères (sources privées)		ndice, d'après le précédent, du bénéfice par unité produite (France)
	Nombres absolus	Indices	Nombres absolus	Indices	Nombres absolus	Indices	Nombres absolus	Indices	Nombres absolus	Indices	le coût de la main d'œuvre par tonne	le bénéfice fiscal par tonne	le total des autres élém.	Nombres absolus	Indices	
1	2	3	4	5	6	7	8	9	10	11	12	13	14	15	16	17
	fr. s.		fr. c.		fr. c.		kg.		fr. c.		%	%	%			
1887	10,63	86	5,17	83	3,72	88	720	106	1,60	107	48,6	15,0	36,4	2 225	70	86
1888	10,31	83	5,04	81	3,71	87	737	108	1,47	98	48,8	14,3	36,9	2 291	72	84
1889	10,42	84	5,12	82	3,87	91	756	111	1,40	93	49,1	13,5	37,4	2 669	84	90
1890	11,94	96	5,62	90	4,16	98	740	109	2,18	145	47.0	18,3	34,7	4 382	139	139
1891	13,25	116	6,09	98	4,17	98	686	101	2,30	153	46,0	17,4	36,6	3 634	115	115
1892	12,40	100	6,21	100	4,24	100	682	100	1,50	100	50,2	12,1	37,7	3 156	100	100
1893	11,49	93	5,93	96	4,15	98	699	103	1,00	67	51,7	8,7	39,6	2 496	79	81
1894	11,22	91	5,80	93	4,14	98	714	105	0,95	63	51,7	8,6	39,7	2 378	75	71
1895	11,01	89	5,69	92	4,10	97	720	106	1,05	70	51,7	9,6	38,7	2 364	75	70
1896	10,84	87	5,66	91	4,10	97	725	106	0,90	60	52,1	8,3	39,6	2 578	82	73
1897	10,85	87	5,56	90	4,14	98	745	109	0,86	57	51,2	7,9	40,9	2 823	89	75
1898	11,22	90	5,64	91	4,23	100	750	110	1,10	73	50,3	9,8	39,9	4 181	132	106
1899	12,41	100	5,91	95	4,38	103	742	109	1,67	111	47,6	13,5	38'9	5 134	162	129
1900	14,95	121	6,46	104	4,66	110	721	106	2,91	194	44,0	19,5	36,5	7 274	230	180
1901	15,69	126	7,08	114	4,82	114	681	100	2,39	159	45,1	15,2	39,7	6 989	221	180
1902	14,55	117	6,89	111	4,57	108	670	98	1,54	103	46,9	10,7	42,4	6 306	200	174
1903	14,01	113	6,45	104	4,55	107	706	104	1,95	130	46,0	13,9	40,1	6 979	221	166
1904	13,30	107	6,56	106	4,53	107	689	101	1,13	75	49,5	8,5	42,0	6 383	202	155
1905	12,92	104	6,38	103	4,53	107	710	104	1,15	77	49,4	8,9	41,7	6 698	212	155
1906	13,70	110	6,81	110	4,75	112	698	103	1,00	67	49,7	7,0	43,3	7 274	230	177
1907	14.97	121	7,05	114	4,90	115	695	102	1,64	109	47,1	11,0	41,9	8 989	284	203
1908	15,84	128	7,36	118	4,96	117	674	99	1,74	116	46,5	11,0	42,5	8 508	270	189
1909	15,22	123	7,40	119	4,97	117	669	98	—	—	48,7	—	—	7 917	250	172
1910	15.03	121	7,46	120	5,01	118	672	99	—	—	49,5	—	—	8 120	257	176
1911	15,24	123	7,45	120	5,12	121	682	100	—	—	48,9	—	—	—	—	
1912	15,51	125	7,44	120	5,19	122	698	103	—	—	48,1	—	—	—	—	

(1) Pour les mêmes données par grands bassins, (Loire, Nord, Pas-de-Calais) voir notre Salaire des ouvriers des mines, Tableau B., Tableau V, et p. 520 (de l'origine à 1905 inclus).

POITIERS

Imprimerie du Poitou

22, rue de la Marne

www.ingramcontent.com/pod-product-compliance
Ingram Content Group UK Ltd.
Pitfield, Milton Keynes, MK11 3LW, UK
UKHW022142170726
13837UKWH00004B/1726